HACER EL AMOR, CON AMOR

© Adolfo Pérez Agustí

Ediciones Masters
www.edicionesmasters.com
edicionesmasters@gmail.com

HACER EL AMOR, CON AMOR

¿Hacer el amor es un arte, una técnica física, un ejercicio gimnástico o algo mucho más sencillo? ¿Basta con estar enamorados para que todo funcione sexualmente? Teniendo en cuenta los millones de parejas de todo el mundo que reconocen tener problemas de insatisfacción sexual, las respuestas no son sencillas y apenas encontramos alguien que pregone su gran satisfacción en este campo. La mayoría, soporta su desencanto en secreto y con no poca hostilidad.

Si lo consideramos como un arte, indudablemente el requisito es que sea relajante, nada estresante, enriquecedor, embriagador en los momentos finales y con deseos de continuar cuanto antes. Sería como pintar un cuadro: primero planificamos lo que queremos y antes de comenzar visualizamos ya el resultado final, siempre esplendoroso. Una vez que tenemos todos los ingredientes a nuestro alcance y el más escueto traje de faena (mejor sin él), comenzamos con los preliminares, que no son otros que esbozar, probar y realizar trazos muy suaves, permitiendo rectificar si lo que vemos no es perfecto. Después nos concentramos en las partes más importantes y allí ponemos todas nuestras habilidades artísticas, pues van a constituir el secreto para que el cuadro sea algo único. Y así hasta que perfilamos cada detalle, añadiendo toques y nuevas ideas improvisadas, dándole personalidad única, pues ese cuadro será, sin lugar a dudas diferente al anterior, aunque ya hayamos pintado quinientos. La culminación del cuadro es la satisfacción psicológica y afectiva por haber logrado algo tan intenso y gratificante, algo que deseamos repetir a la primera ocasión.

Como toda obra de arte, se realiza buscando un impacto favorable en el espectador; en el caso del coito, la satisfacción de nuestra pareja. Así que además de nuestro propio bienestar por haber logrado tantas emociones saludables, la recompensa será completa si nuestra pareja aplaude simbólicamente nuestra obra. Con el tiempo, y al revés de lo que escuchamos, el arte de hacer el amor se perfecciona, se pule y no se estanca, salvo que hayamos perdido interés en pintar un cuadro en ese lienzo o en ese lugar. Nada más sencillo como buscar nuevos alicientes, distintos horizontes y un entorno que nos motive.

El problema es que la mayoría de las personas adultas creen que saben hacer el amor aunque no sean artistas consumados, en oposición a los jóvenes a quienes su inexperiencia les hace creer que todo saldrá mal las primeras veces. Para suavizar estas creencias, hemos de recordar que básicamente todos nacemos artistas en cuestión de sexo, ellas seduciendo y ellos conquistando, pues el impulso vital de la naturaleza nos resuelve no pocas incógnitas, aunque como todo artista hay que tener la intención de pintar un buen cuadro.

Y puestos a establecer comparaciones, la comida diaria puede ser un símil, y ahora me refiero a la comida de alimentos, no a otra que seguramente les habrá venido a la mente. De lo que se trata no es de comer por impulso natural, devorando la comida, sino de saborear, pero también demostrando buenas normas sociales con los utensilios disponibles, que no son otros que nuestra pareja. Así que evite comer –hacer el amor- como si estuviera en un restaurante de cómoda rápida, aunque en ocasiones eso es mejor que pasar hambre, pero al final nos queda cierto regusto de amargor por la premura.

Para ser un buen gourmet del sexo no hay edades mejores, ni siquiera mejores aptitudes físicas, puesto que, y siguiendo con el símil de la comida, lo mismo podemos elaborar una exquisita lubina al horno, que una verde y bien condimentada ensalada de lechuga. Cada comensal o cocinero debe utilizar las armas disponibles, pero ninguna de ellas dará resultado óptimo sino echamos un ingrediente imprescindible: el amor. Soy consciente de que ahora se lleva el sexo por el sexo, la búsqueda de relaciones con personas de las cuales apenas si sabemos su nombre y poco más, efectuando una maratón de coitos que nos harán perder la oportunidad de hacer uno solo, pero de gran calidad. Solamente cuando nuestra pareja nos motiva físicamente, nos produce emociones y sentimientos profundos, y nos estimula psicológicamente lo suficiente para representar un ideal hecho realidad, entonces podemos hablar de amor verdadero.

Los seres humanos somos una especie única en la naturaleza, y por eso hemos alcanzado cotas de bienestar muy altas, llegando a comprender los secretos del universo mucho mejor que cualquier otra especie. Esa facultad la debemos aprovechar en las relaciones de pareja, expresándonos a través de los sentidos físicos, las emociones, los sentimientos, y la mente, todos unidos, para llegar a ese concepto sutil al que denominamos espiritualidad.

Las verdaderas cumbres del placer sexual solamente pueden alcanzarse cuando intervienen todos estos factores en forma simultánea. La verdadera felicidad solamente puede alcanzarse a través de una experiencia de integración de todas las partes de uno mismo; y esta integración la podemos lograr a través de una sexualidad intensa y liberadora.

Una vez que hemos logrado desterrar la idea de que el sexo es un pecado o aptitud denigrante que nos acerca a los animales, o de que se trata solamente de un vehículo para la perpetuidad de la especie humana, ha llegado el momento de considerarlo como un regalo de los dioses, algo puesto para hacer vibrar cuerpo y mente a cotas imposibles de conseguir por ninguna otra de las emociones humanas. Pero si juzgamos a los seres humanos, sus necesidades y gustos, por los cientos de anuncios sexuales que se editan en la prensa y en la televisión nocturna, nos pueden hacen pensar que existe una necesidad de sexo no cubierta por los medios naturales y de relación social. Aunque estos reclamos parecen estar dirigidos solamente al varón, una mirada un poco más detallada nos muestra que no es así. Y es que la oferta ya no es de mujer a hombre, sino también de hombres a mujeres y, con un gran auge, entre personas del mismo sexo.

Tan importante es el impulso sexual que muchas de nuestras enfermedades mentales, y algunas físicas, están ocasionadas por una desacertada, frustrante o incompleta relación sexual. No podemos negar que todo esto está ocurriendo y existen estadísticas que demuestran que una vida sexual placentera, en la cual los sentimientos vayan parejos con las sensaciones físicas, contribuye en gran medida a un estado de salud pleno. Aún así y como recordándonos que la ciencia de la mente y el comportamiento humano no avanza apenas nada, en la mayoría de los trastornos psicológicos no se contempla el componente sexológico como el desencadenante primario de la afección.

No obstante, el hecho de dar a las relaciones sexuales su justa medida puede ocasionar que apenas nadie se considere "normalmente sano" en este aspecto, lo que nos llevaría a nuevas patologías o angustias por estar dentro de lo que se considera normal. Deseosos entonces por saber qué es lo correcto y lo incorrecto en las relaciones sexuales, los ciudadanos vagan aturdidos en busca de una respuesta clara. Los psicólogos y los psiquiatras nos dan pautas para ser buenos amantes, como si se tratara de algo que se deba inexcusablemente aprender, obviando que la Madre Naturaleza nos indica, sin lugar a dudas, a través de nuestro instinto lo que es razonable hacer.

Este libro pretende, pues, que nadie se considere anormal, ni estúpido, ni mal amante, sino que admita que aquello que llamamos personalidad se manifiesta también a la hora de hacer el amor, por lo que no hay manera de establecer una categoría que nos excluya del grupo de bienaventurados los que saben amar. Todo somos únicos en nuestro modo de besar, acariciar y seducir, siendo esta la razón por la cual no existe una persona que sea querida y deseada por todos a la vez. Cada cual, dentro de su complejo carácter, será tan capaz de querer como de ser querido, lo haga como lo haga en la cama cuando dos cuerpos desnudos se entremezclen. Así que, fuera temores, y a comportarse como debemos y podemos.

"El orgasmo es la única experiencia espontánea y natural de las personas, mientras que el nacimiento de un hijo es lo que nos hace inmortales, eternos."

CAPÍTULO 1

El cortejo amoroso

Muchas personas infieles han practicado el sexo con sus nuevos amores durante cinco de las ocho horas del sueño, pero apenas dedican diez minutos a su pareja habitual.

Cuando estamos haciendo el amor y nuestros sentidos empiezan a calentarse y acelerarse, generalmente pensamos que nuestra meta es experimentar placer, más que darlo; pero en la medida en que vemos que nuestra pareja simultáneamente empieza también a vibrar nos concentramos en sus sensaciones, buscando que sean aún más intensas. Es la ley de la reciprocidad.

Para muchas personas el arte del hacer el amor se reduce al cambio en la postura, en la creencia de que tras la variedad está el éxito, convirtiendo así el coito en algo puramente gimnástico. Con el tiempo, sin embargo, la postura cobra su verdadera validez, que no es otra que encontrar la posición de máximo placer y mayor contacto, dentro de las posibilidades físicas de cada uno. Llegado a este punto, la pareja reduce significativamente el número de posiciones a emplear, hasta quedarse con no más de cinco, mediante las cuales todo parece funcionar correctamente.

Quisiéramos alertar, no obstante, a los nuevos amantes sobre esa creencia de que una pareja que se entienda en la cama y lo pasen bien tienen asegurado el éxito, además de la fidelidad. Por fortuna, no serán las aventuras en la cama lo que determinará la felicidad en las parejas, sino el conjunto de su relación, en la cual debe existir complicidad, confianza, cariño, ayuda mutua, comprensión y con frecuencia sacrificio, siendo la sexualidad el postre de una buena relación, pero postre al fin. Por eso muchos manuales para ser buenos amantes están equivocados y confunden a las personas, ya que hacen demasiado énfasis en las posturas, como si ahí estuviera el secreto del amor.

Actitud mental y emocional adecuada

La actitud mental del amante debe ser siempre de admiración y respeto por la pareja   que ha elegido, - aunque sea por una noche, una semana, o una relación duradera-, y un auténtico deseo de complacerla, pues como ya mencionamos, el placer más intenso lo alcanzaremos en la medida en que seamos capaces de proporcionarlo. Es importante no olvidar que no solamente hay un cuerpo físico presto a recibir placer, sino que tenemos en los brazos a una persona con una mente, con emociones, sentimientos, y un alma que debemos valorar.

El acto amoroso parece posesivo para el varón, con sus abrazos intensos, cogiendo el cuerpo de la pareja para que no se vaya y golpeando con su pelvis, más que moviéndose.
La mujer, por su parte, acepta cierta sumisión al dejar que "la posean", que la penetren y que la hagan el

amor. "Tómame", "poséeme", son palabras que se dicen con frecuencia pero que en realidad podría traducirse simplemente por "ámame", más acorde con lo que realmente desean que su compañero haga. Por eso hay que encontrar el justo equilibrio entre dominio y sumisión; entre querer hacer y negarse a hacer.

Hacer el amor es un arte

Como ya se explicó en el prólogo, hacer el amor no es simplemente realizar el coito. Hacer el amor es un arte sublime, exquisito, que requiere conocimiento de uno mismo y de la pareja en aspectos físicos, emocionales, psicológicos, etc., así como práctica en las técnicas adecuadas para llegar al clímax del placer y llevar al éxtasis a la pareja.

Hacer el amor es como preparar un plato de alta cocina para una cena de gala: requiere un cierto número de ingredientes, un tiempo de preparación, un tiempo de horneado, una buena presentación del manjar, etc., para finalmente poder paladearlo con elegancia. Sí, con elegancia, pues saber hacer el amor requiere un cierto grado de refinamiento intelectual, exquisitez de los sentidos, buen gusto, y buenos modales. Requiere también del uso de un vestuario y ambientes adecuados, pues nadie iría con vaqueros a una cena de gala, ni serviría un exquisito plato en la cocina. Ahora bien, el caso contrario es igualmente desacertado, por ejemplo portar un vestido de blanco satén para hacer el amor en un césped a la luz de la luna. Muy romántico, pero inadecuado.

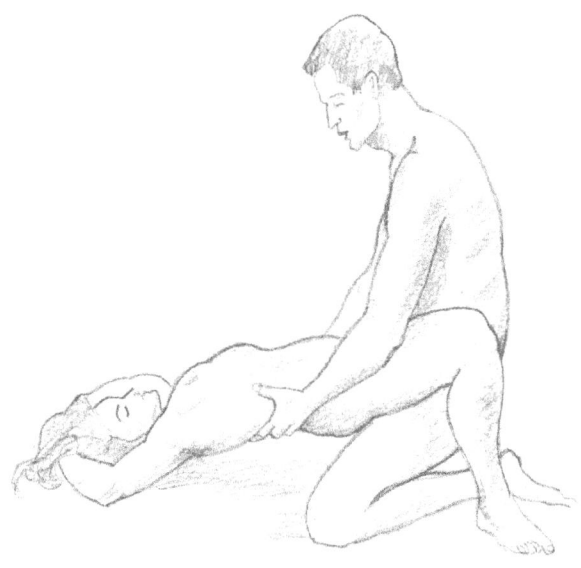

Una vez que hemos dejado claro que cada cual, dentro de su personalidad, es un buen amante en potencia, hay ciertos detalles que debemos evitar, como la vulgaridad, las prisas y la falta de tacto hacia la pareja. El arte de hacer el amor empieza en la forma de tratar a la persona que despierta nuestra pasión: un trato amable y suave en él, y una cierta coquetería en ella, mientras que para ambos recomendamos siempre un buen humor.

Puestos a ponernos nuevamente místicos, podríamos aconsejar que debemos aprender a moldear el cuerpo de nuestra pareja con caricias, como lo haría un escultor con una figura de arcilla; contemplar a nuestra pareja con la fijeza y atención con que lo haría un pintor al observar a su modelo; deleitar su oído con la delicadeza con que lo haría un buen violinista o pianista; etc.; Seguramente más de un lector experto pensará que esto está muy bien para los primeros encuentros y mucho más para la noche de bodas, pero que tal elevación en el espíritu es imposible de mantener cuando se llevan muchos años conviviendo con la misma persona. La rutina –dicen- es imposible de evitar. Cruel comentario, sin duda.

Para lograr que la magia de los primeros momentos se mantenga todo el tiempo que queramos, recomendamos no olvidar el ingrediente principal, el amor hacia nuestra pareja, además de una intensa y profunda atracción física y psicológica. Si con un nuevo amante todo renace y la pasión florece hasta hacernos parecer únicos, ¿por qué no esmerarnos en mantener esa llama toda la vida? ¿Quién ha dicho que comer una sabrosa paella todos los domingos nos llegue a cansar? Es más, con tiempo conseguimos ser cada vez más certeros con la elección del arroz, el agua, los ingredientes y el tiempo de cocción; al menos mucho mejor que al principio.

Indudablemente es de suma importancia la elección de la pareja, requisito sin el cual no podremos poner en práctica nada de lo expuesto en este libro. Si los comienzos fueron malos, la boda inadecuada, y si hay enfrentamientos hasta por quién friega los cacharros diarios, poco se puede hacer en la cama para mejorarlo. Allí comenzará un nuevo enfrentamiento por ver quién finge más, quién termina antes, y quién siente más asco. Aunque el enamoramiento surge primero con los ojos, no basta con la atracción física, posiblemente un factor fundamental, sino que también debemos sentirnos atraídos intelectual y emocionalmente por esa persona, al grado de que sea para nosotros verdaderamente especial, aquella persona con la cual preferimos compartir nuestro tiempo, nuestra energía, nuestra sexualidad, nuestro amor. Si preferimos estar con los amigos y nos aburrimos a solas con nuestra pareja, algo ha fallado en la elección.

La elección de pareja debe realizarse con sabiduría, utilizando la intuición, la percepción, la suma de nuestra sensibilidad y capacidad de observación. Hay quien habla de lo acertada que ha sido su elección como quien habla de la suerte que ha tenido con su coche o piso: bueno, bonito y barato, aunque esto último se refiera a la buena posición económica que tiene.

Para evitar equivocarnos es recomendable, "poner a prueba" a la persona que consideremos candidata a pareja; con esto me refiero a someterla a un cuidadoso examen emocional, intelectual, ideológico, y espiritual. No olvidemos que con esa persona vamos a compartir la parte más delicada de nosotros mismos, nuestra sexualidad, nuestros sentimientos y nuestra visión de la vida. Si algo no encaja y presentimos que se nos hará insoportable, mejor dejarlo ahora, pues la pretensión de que con el tiempo será como nosotros queremos es ilusoria. Es más, los defectos que encontremos se agudizarán con el paso de los años, justo cuando acabe la noche de bodas y comience la lucha por la vida en común. Desde se momento un pulso diario se establecerá por ver quién consigue que el otro se doblegue a su gusto, en un intento de moldearle según nuestras necesidades.

En el transcurso del romance previo hay que dedicar más tiempo a comunicarse que a estar en la cama haciendo el amor, efectuando conversaciones sutiles y hábiles sobre asuntos esenciales para la convivencia. Es importante tener afinidades comunes en cuanto a las cuestiones sexuales, psicológicas, intelectuales y espirituales. Para realizar este sondeo hay que ser un buen conversador, evitando hablar demasiado de uno mismo; escuchando más que hablando, aunque es notorio que siempre intentaremos impresionar a nuestro nuevo amor mediante palabras y diálogos que demuestren lo acertada de su elección.

Con el paso de los días intentaremos encontrar más puntos de coincidencia que de discordia, ya que estamos tratando de mantener una relación armoniosa y perdurable. Quizá esto parezca demasiado pretencioso e incluso artificial, pero mejor tener las cosas claras ahora que lamentarnos durante años. Ahora bien, si lo único que se pretende es un encuentro ocasional, uno más entre la docena de ya existentes, podremos aprovecharlo para al menos adquirir experiencia sexual, uno de los requisitos imprescindibles para añadir a una buena relación. Estos encuentros ocasionales servirán también para conocer a las personas, su comportamiento en sociedad y laboral, enriqueciéndonos intelectualmente y afectivamente. Una vez que hemos aprendido a pintar gracias a los numerosos cuadros realizados, estaremos en condiciones de pintar nuestra obra maestra, aquella que nos orgullecerá y llenará de pasión.

No obstante, antes de elegir pareja hay que conocerse uno mismo, especialmente en cuanto a las inclinaciones sexuales, siendo recomendable tener algunas experiencias casuales para aprender de ellas. El sexo opuesto suele ser un misterio incluso con experiencias varias, así que sin ellas puede suponer una barrera para el entendimiento. Aquí no vale generalizar, en el sentido de "los hombres lo único que quieren es…", o "a todas las mujeres lo que más les gusta es…". Somos tan únicos como los son nuestras huellas dactilares, siendo imposible encontrar dos almas gemelas, aunque es fácil unir dos caras para formar una moneda.

Una vez que has elegido pareja, hay que intentar especializarse en ella, en conocerla, compensarla, estimularla, emocionarla, satisfacerla. Y eso es especialmente imprescindible en la relación sexual. Como todo arte, hacer el amor es algo que requiere técnica, conocimiento, práctica e inspiración. Y alcanzar la maestría en este arte es algo que llevará años de entrega, estudio, práctica, dedicación. Como una inversión sentimental o un buen comportamiento para alcanzar el premio divino, el esfuerzo por hacerlo bien casi nos garantizará una vida feliz a ambos.

¿Por qué nos enamoramos?

En la mayoría de los varones, su motivo para invitar a una mujer es transparente: él espera que ella querrá hacer el amor una vez acabada la cena. Hemos dicho habitualmente que la mujer quiere conquistar al hombre mediante la comida, pero si tenemos en cuenta la cantidad de veces que un idilio sexual empieza siendo el varón quien invite a comer, deberíamos reconsiderar este aspecto.

¿Por qué muchas estrategias de sexo tienen como preludio una abundante y suculenta comida? ¿Es una insinuación del postre que nos espera? ¿Existe una secreción hormonal a través de la piel que se estimula mediante la comida?

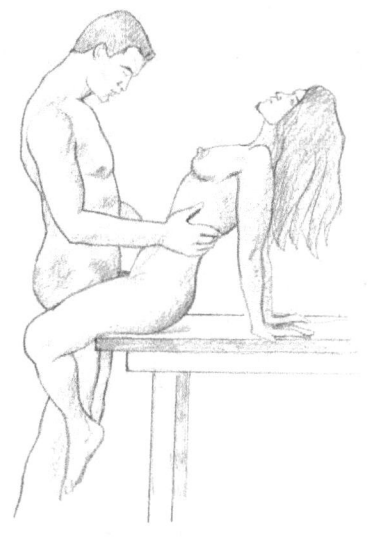

Hay quien asegura que lo más importante es "la química", eso que nosotros llamamos flechazo o pasión por una persona. Por ello, quienes pretenden demostrar que todo es química en las relaciones sexuales demuestran una gran ignorancia al menospreciar el papel de la mente y el alma. Ahora bien, ¿exudamos ciertamente feromonas, tal y como parece que hacen los animales? Hay tan pocas evidencias para llegar a una conclusión cierta que más vale estar precavidos. De ser cierto eso de la química, los desodorantes deberían anular este olor, mientras que los perfumes podrían igualmente ocultarlo.

Puesto que la mente es el motor principal de las relaciones sexuales, y admitiendo que también el cuerpo debe vibrar ante el contacto y presencia del ser amado, podríamos compaginar la trilogía cuerpo, mente y alma mediante sesiones privadas de psicoanálisis, lo mismo que leyendo poesías de amor, libros estimulantes, poniendo música romántica y hasta escuchando los gemidos de placer de los vecinos mientras hacen el amor. Un paseo por el bosque, por la arena de la playa nocturna y el susurro al oído de palabras encantadoras por boca de alguien que dice amarnos profundamente, suele ser suficiente para despertar la sexualidad.

Cómo prepararse para el primer encuentro

Nos referimos naturalmente al primer encuentro planificado, no a ese acto visceral e improvisado que surge bruscamente durante una fiesta, baile o presentación social. En estos casos la pasión surge, indudablemente, pero nunca tendrá la magia de ese primer encuentro que ambos llevan en la mente durante algún tiempo, deseándolo intensamente, haciendo que el cuerpo arda de sólo pensarlo.

El primer encuentro sexual es semejante a una fiesta, una celebración del cuerpo y de los sentidos, y una exaltación del alma, pero para que tenga éxito debe ir acompañado de cierto ritual y preparación.

Lo primero es preparar el cuerpo, bien limpio, afeitados los hombres si van lampiños habitualmente, y depiladas ellas en sus partes habituales. El desodorante en abundancia, pues el olor a sudor retrae al más templado, mientras que el perfume mejor que sea discreto, solamente percibido en las distancias muy cortas. Los dientes, inmaculados, pero sin que huelan descaradamente a menta. El bicarbonato sigue siendo el mejor desodorante y blanqueante, aunque aderezado con unas gotas de limón será perfecto.

Una ducha antes puede ser necesaria en ocasiones, pero no imprescindible en personas habitualmente limpias. Un exceso de jabón, no obstante, reseca la piel y la hace más áspera al tacto. Las mujeres, en concreto, deben evitar emplear jabones enérgicos para limpiar su vagina, pues allí existe una flora bacteriana muy útil, además de las adecuadas secreciones lubricantes.

Si se suprimen, el desecamiento podría impedir los primeros contactos.

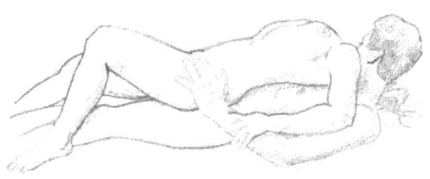

La ropa indudablemente debe ser siempre bonita y sexy en las mujeres, aunque suele durar poco tiempo puesta. Es más, el atractivo está precisamente en quitarla o quitársela, ceremonia en ocasiones frustrante por el poco tiempo que tardamos en quitarla. Tanto dinero gastado y tanto probarse, para que luego apenas si permanece unos segundos puesta. Los varones, en cambio, no suelen dar mucha importancia a sus calzoncillos o slips, generalmente muy floridos y sin ningún diseño, pues lo que desean es quitárselos cuanto antes. El contraste es ciertamente curioso, con ellas eligiendo cuidadosamente su lencería, mientras que para ellos supone un acto rápido y sin apenas interés. Quizá esta sea la causa por la cual apenas si hay novedades en la ropa interior masculina.

Un problema harto frecuente, es que la ropa interior se mancha con rapidez e incluso en el momento más inoportuno, ya que las pérdidas de orina y demás no siempre se pueden controlar. Si le ha ocurrido alguna o muchas veces, mejor que no haga exhibiciones a plena luz. Por eso la penumbra en las relaciones amorosas suele ser el ambiente predilecto, ya que nos evita pasar vergüenza a causa de nuestra ropa, e incluso por nuestro cuerpo poco cuidado. De todas maneras, hacer el amor es un derecho incuestionable para todos los seres humanos, para los feos y los guapos, los tontos y los listos, los pobres y los ricos. Nadie debe sufrir por mostrar su cuerpo tal y cual es, con sus defectos y virtudes, sus huellas de embarazos y cicatrices, o el paso ineludible de la edad.

Con la experiencia en la vida nos damos cuenta de que un cuerpo hermoso no nos garantiza que nuestra pareja disfrute ni que su contemplación nos lleve al éxtasis. Puede que ayude ser guapo y estar bien formado, pero no es de ningún modo imprescindible para que ambos disfruten al hacer el amor. Los complejos con nuestro cuerpo son producto de una baja autoestima y de un concepto equivocado de cómo se logra la felicidad. En este sentido, recuerdo especialmente una película de Woody Allen (creo que era *Annie Hall*), en la cual ella le dice reiteradamente a Allen lo extraordinario que era en la cama su antiguo novio –una fiera incansable-, insistía. Esto le ocasionaba no pocas angustias a él, ya que pensaba que nunca podría estar a la altura de tan apasionado y eficaz varón. Un día, ella le presenta a su antiguo amante, un bajito, calvo y feo varón, parlanchín e inquieto, dejándole aturdido porque él siempre se lo había imaginado más bello que el dios Apolo. La moraleja es que debemos admitir que en todos nosotros hay siempre alguien encantador, y que el atractivo depende mucho más de nuestro carisma, de nuestras peculiaridades, que del aspecto de nuestra piel.

Y ahora, sigamos con nuestro primer encuentro sexual, el cual hemos planificado que sea después de una cena, la cual debe ser poco abundante y de fácil digestión, bebiendo con avaricia el alcohol. Ya sabemos que resulta un inhibidor y hace parecer asados a los tímidos, pero pasada cierta dosis al varón le adormece todo, todo: los sentidos, la prudencia y los órganos viriles. A ellas, sin embargo, les da cierta chispa encantadora; pero no se pase hasta el punto que la deje casi inconsciente y sin poder participar. Luego, al día siguiente, esa pérdida de los sentidos les provocará vergüenza a ambos.

La comida frugal, sin elementos que dejen el aliento cargado, como el ajo o la cebolla. Las verduras siguen siendo una buena opción, lo mismo que los picantes discretos como el pimentón y el jengibre. Los dulces no solamente son un buen colofón, sino que nos aportarán energía de acción inmediata, tal y como antes se hacía con la miel, un regalo imprescindible para los recién casados.

Lo de las drogas mejor no, ya que debemos amar con nuestras facultades físicas y psicológicas bien activas, sin estímulos artificiales o delirios psicológicos. Hay que mostrase como somos, sin artificios ni personalidades equivocadas producto de las drogas.

El baile previo –mejor en la intimidad del dormitorio-, suele ser siempre uno de los mejores calienta motores, aunque ahora nos estamos refiriendo a los clásicos bien abrazados o a ese delirio llamado reguetón, un restregón intenso de las partes más eróticas. Por supuesto, no permita usted que esa noche mágica su pareja baile con un extraño/a, ni siquiera alguien conocido, a no ser que se excite viéndoles como un buen masoquista. Los otros bailes, especialmente aquellos que nos hacen sudar no son muy afrodisíacos, pero si tenemos en cuenta que el bailón número uno era aquel John Travolta bailando en una discoteca con camisa y pantalón ajustado, es muy posible que hasta el baile más frenético le pueda servir de estímulo erótico.

Y finalmente la música, sin dudar romántica, ya que un fondo rapero quizá no sea lo más adecuado para un encuentro íntimo en la habitación rosada de un motel. Bueno, si al chico le va el Hip Hop, quizá a ella le resulte estimulante verle recitar sus canciones en la penumbra de la habitación. Pruébelo y luego me lo cuenta, porque no tengo muchas referencias de ello.

El lenguaje

El mejor ligón es, a decir de ellas, aquel que tiene la mejor "labia", y nos referimos a quien sabe hablar justo lo que su pareja necesita oír, y además, lo hace en dirección al oído y con las palabras adecuadas. A la mujer le gusta que la exciten verbalmente antes de hacer el amor, que le acaricien los oídos con susurros y piropos halagadores, no exclusivamente en la cama, sino paseando, cenando o bailando. Debemos reconocer que ellas son muy sensibles a los elogios sobre su belleza y buen gusto vistiendo, aunque ahora hay una nueva generación que prefiere que les digan cuán inteligentes son. Bien, eso de la inteligencia ajena no es algo que se pueda valorar el primer día, pero siempre podemos decir que nos parece muy inteligente, sin especificar cómo hemos llegado a esa conclusión. No obstante, no hay que exagerar en los halagos, ni en frases como "qué hace una chica como tú, en un sitio como éste", ya que una mujer experimentada (y eso lo son casi todas a partir de los 30 años), no se tragaría tamaña vulgaridad.

Hablar de sexo no suele ser apropiado en las primeras fases del cortejo, mucho menos con unas velas iluminando suavemente la sabrosa cena, siendo preferible hablar de sensaciones y de amor, de los sentimientos intensos que van brotando. Y así, las palabras preceden a las caricias, suavemente y sin ir directamente a las zonas íntimas. Recreándose en zonas de tacto suave como la cara, el pelo y los hombros, para continuar por el escote si el vestido lo permite. Normalmente las mujeres ya saben qué tipo de vestido deben llevar en cada ocasión, así que por su diseño sabrás hasta dónde quieren llegar ese día y en qué orden.

Una vez en la cama (o el ascensor, la moqueta, el sofá...) el lenguaje puede iniciarse halagando las zonas corporales al desnudo, como sus pechos o sus piernas, pasando poco a poco a un lenguaje más sensual y en ocasiones soez, siempre y cuando ella así parezca demandarlo.

¿Hemos dicho ya que cada mujer, cada pareja, es diferente? Pues no se le olvide este detalle que supone el secreto para conquistarlas. Ellas sienten una predilección enorme por realizar un streptease delante de su amado, incluso esbozándolo cuando están en el coche o comiendo. Disfrutan y se excitan mucho viendo la respuesta del varón, el cual se convierte en una fiera deseosa de poseerla. Pero calma, que ya llegará.

Un consejo: en tu cortejo amoroso evita hablar de las anteriores parejas, ni mucho menos de lo habilidoso que fuiste con ellas en la cama y lo mucho que disfrutaron con tu impulso viril. Deja de ponerte medallas y silencia tu vida anterior, aunque te pidan que lo hagas. Un sencillo "pues no me acuerdo de gran cosa", es mucho más gratificante que nombrar una por una todas las novias anteriores. Un recurso de buen resultado es hablarles de tus fantasías sexuales, de lo que alguna vez has imaginado hacer en la cama, pero nunca has hecho. Realmente sí lo has hecho, y muchas veces, pero así lograrás hacer el amor una vez más como te gusta. Ellas, por su parte, suelen tener su recurso más universal, que es confesarse ignorantes en materia de sexo, y algunas hasta insisten en que apenas han conocido varón. Eso no hay quien se lo crea en una mujer de más de 25 años, pero a muchos hombres les tranquiliza. Por muy mal que lo hagan, siempre será mejor que con los novios que nunca tuvo. Así que no digas nunca: "vamos a hacer esta postura que me gusta mucho", o "mi antigua novia era una fiera en la cama". Si lo haces te mereces un restregón en la lengua con un estropajo lleno de jabón.

A riesgo de ser insistente, quisiera recomendar que no se busque obsesivamente el coito, ni siquiera en las personas divorciadas o muy mayores, ya que no hay nada que pueda suplir a los preliminares, al cortejo amoroso. Tomar una copa en un lugar discreto y sin demasiado ruido, bailar, pasear descalzos por la playa, caminar por un parque o agarrarse de la mano sin necesidad de hablar sintiendo que el entorno desaparece a nuestros ojos, son sensaciones imposibles de describir. La diferencia entre un hombre torpe y un artista en el arte del amor, es precisamente su habilidad para alargar los preliminares, de hacerlos inolvidables.

La ruptura de la magia

Algo ha debido pasar en esa relación que empezó con un amor intenso, para que al cabo del tiempo se convierta en un tormento del cual queremos huir cuanto antes. Pero sentirse víctima de algún amor del pasado, es como hablar continuamente de lo feliz que fue una anterior relación que, por desgracia, terminó por azares del destino. El pasado se entierra con la nueva relación sentimental, pues a nadie le interesa escuchar lo que es irreversible. Ni los amores -con frecuencia platónicos- de la juventud fueron tan auténticos e intensos como en la madurez se recuerdan, ni todo en nuestra anterior relación fue un desastre. Solemos ser muy magnánimos con aquellas amistades fugaces que nos hicieron felices en tiempos anteriores, más que nada porque seguramente no tuvieron tiempo de hacernos daño. El amor de aquellas vacaciones, a la luz del atardecer paseando por la playa, es tan irreal como una película de amor. En esos momentos cualquier persona nos parece asombrosa, y sus caricias nos llevan casi al éxtasis del placer. Pero eso está motivado por el entorno, la ausencia de preocupaciones y hasta el clima, ya que si estuviéramos vestidos con un enorme abrigo para resguardarnos del intenso frío y esperando el autobús a las ocho de las mañana para ir a trabajar, las cosas se verían de otro modo.

Eso nos lleva a pensar de nuevo en lo mucho que el entorno influye a la hora del amor, jugando un papel primordial la penumbra, los olores de una colonia sutil, y la ausencia de ruidos molestos que nos impidan expresarnos de la manera más adecuada. Si un entorno así fue el protagonista de nuestra noche de bodas, obviamente llegará cierta desilusión cuando comience la rutina diaria de la convivencia, con las prisas, el adiós brusco porque llegamos tarde al trabajo, los cacharros que hay que fregar, y las facturas que inexorablemente llegarán todos los meses. La magia de los primeros encuentros ya no existe, y podamos pensar que quien ha cambiado es nuestra pareja, que se ha vuelto vulgar y desconsiderada. Normalmente no es así, y es la vida lo que ha cambiado. Pero si en esos momentos aparece una persona en nuestro entorno, siempre bien arreglado y aseado, atento y simpático, nos parecerá un nuevo dios llegado a nuestras vidas. Compartimos con él (o ella) los mejores momentos del día, nuevamente los de ocio, y ninguno de los problemas habituales, por lo que así es fácil ser encantador. Desde ese momento contamos ya con un cómplice al que le contamos las depresiones, angustias y problemas cotidianos; todo junto con besos no tan intensos como hace años. Alguien puede considerar que es la rutina diaria lo que mata el amor, pero no es cierto; eso es la falta de complicidad, de intereses mutuos.

CAPÍTULO 2

Cuestión de olores

El instinto natural

Hoy ya existen escuelas médicas que afirman rotundamente que los humanos nos comunicamos con signos químicos inconscientes, aunque no nos explican la razón por la cual nos excitan las conversaciones telefónicas eróticas, las películas y hasta los recuerdos. No creemos que al resto de los animales les ocurra lo mismo, pues incluso ni siquiera un muñeco que represente una guapa hembra ha sido capaz de despertar el interés de un mono o un gallo, pongo por ejemplo. Eso deja en ridículo esa teoría sobre la similitud entre animales en celo y humanos, pues todos sabemos que cada especie animal tiene su propio código sexual para perpetuar la especie.

Feromonas humanas

Las pequeñas moléculas orgánicas volátiles, aquellas que apenas percibimos los humanos, son de importancia extrema entre muchos animales para la transmisión de información de su disponibilidad sexual hacia los miembros del sexo opuesto.
Denominadas como feromonas, su nombre procede de una palabra griega que significa "transferir excitación." Sabemos, además, que cuando la pasión está en su cenit

31

las secreciones de las glándulas genitales tienen un olor muy peculiar, el cual acrecienta enormemente el deseo de acoplamiento llegando a hacerlo algo ya imparable. Por ese motivo los desodorantes íntimos femeninos, lejos de constituir un atractivo al eliminar el olor vaginal, son un freno para el estímulo ya que junto con el flujo se encuentran las feromonas, esos compuestos que parecen ser una de las claves para la atracción sexual.

Estos elixires naturales no solamente lo segregan las glándulas genitales (con lo que nos veríamos obligados a ir desnudos para que alguien los pudiera oler), sino que se encuentran en abundancia en el sudor, las lágrimas y hasta en la cera de los oídos. No es extraño entonces que en verano las pasiones amorosas se desaten, ya que junto al hecho de ir ligeros de ropa, ya de por sí un atractivo para la seducción, tenemos el sudor, el cual posee las apreciadas feromonas.

El cuerpo humano segrega varios compuestos con olores fuertes, así como otros que pueden ser transformados por bacterias en productos químicos con un olor peculiar. Los ácidos grasos volátiles se forman en las secreciones vaginales normales de muchos primates, incluso los humanos, y su fuerte olor (por ejemplo, el ácido butírico con olor de manteca rancia) se ha mostrado como un fuerte estimulante para los monos machos que aumenta su actividad sexual.

Muchas hormonas esteroides y los elementos químicos relacionados tienen un olor notable, incluso la llamada androsterona. En un experimento, se rociaron algunos asientos de un teatro con una androsterona y las mujeres entre el público mostraron preferencia significativa por estos asientos rociados. En otro ensayo, unos hombres tenían que escoger a las mujeres más atractivas de una colección de fotografías. Resultó que cuando uno de ellos podía oler un poco de androsterona al mismo tiempo que veía una fotografía, aumentaba la probabilidad de que la mujer de la fotografía fuera seleccionada.

Los humanos tienen glándulas en la base de los folículos de pelo, sobre todo en los sobacos y en la región genital, que producen sustancias químicas no bien identificadas todavía, con un olor que podría afectar a los miembros del sexo opuesto. Estos elementos químicos se extienden encima de la superficie del pelo y por ello son eficazmente disipados. Que estos olores naturales, en principio atractivos para el apareamiento, se transformen con frecuencia en olores desagradables, es cuestión de tiempo y poca higiene.

Un fenómeno interesante en este contexto es el "síndrome del dormitorio de mujeres", pues se da la circunstancia que cuando las mujeres viven estrechamente juntas en un local reducido, al cabo del tiempo empiezan a sincronizar sus ciclos menstruales. Esto se ha atribuido al efecto de las feromonas en el sudor de las axilas de las mujeres. Por desgracia, los grandes intereses comerciales que rodean la aplicación de las feromonas humanas hacen casi imposible obtener información fiable sobre este asunto. Sabemos que ya están comercializándose a través de Internet varios compuestos a base de Androstenona y Androstenol, aislados de la hembra y el sudor masculino, como perfumes con actividad parecida a las feromonas sexuales. Con ellos se pretende que los vapores se absorban a través del órgano vomeronasal (OVN), una zona que está ubicada en el interior de la nariz, muy próximo al tabique nasal, conectada a través de terminaciones nerviosas con el hipotálamo (la parte del cerebro que controla las emociones y la excitación sexual) y cuya única función es la de ser el receptor del mensaje de las feromonas.

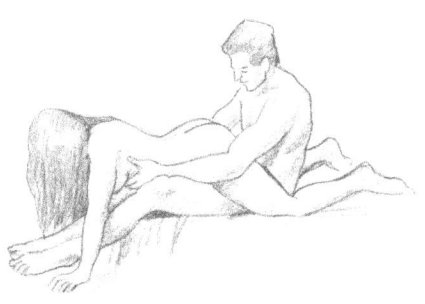

Olores y perfumes

El hombre probablemente siempre usa varias preparaciones olorosas para aumentar su atractivo al sexo opuesto. ¿Es posible que éste realmente sea un esfuerzo por imitar las "feromonas humanas" o es sólo para crear una atmósfera de asociaciones positivas? Se ha demostrado que uno de los olores de perfume más populares, el de almizcle, es parecido al olor de la testosterona, la hormona del sexo masculino.

Los romanos usaron perfumes, incluso perfumes basados en el algia y el ámbar. El primero se deriva de la secreción del algia-gato, y el último del esperma de la ballena. El ámbar es más un portador de olores que un perfume propio y se ha usado para restaurar poderes vitales en aquellos que ya los tienen agotados por varias razones.

Otros olores

Incluso el olor de comida puede actuar como un afrodisíaco. Alan Hirsch, neurólogo de Chicago, tanteó la respuesta masculina cambiando varios olores y midiendo el flujo de sangre del miembro masculino, encontrando que ciertos olores de comida funcionan mejor que otros. La comida que más alto llegó en la lista de la evaluación fueron los bollos de canela, asado de carne y pizza de queso (pero también fueron el chocolate, vainilla, fresa y menta.) ¡En algunos casos el término medio en el aumento del flujo de sangre del miembro masculino fue del 40%!

El olor de la canela se considera una de los mejores afrodisiacos

Y es que nuestra corteza olfativa, ese recóndito lugar situado en el cerebro, es la sede de multitud de emociones, de paladear sabores que aún no han llegado a la boca, de embriagarnos con el olor del cuerpo de la persona deseada en el momento de hacer el amor, de odiar un determinado lugar solamente porque su olor desequilibra alguna parte de nuestro cuerpo, o de transportarnos a mundos donde sólo el espíritu es capaz de llegar. La información de la corteza olfativa llega posteriormente a muchas otras regiones del cerebro, desencadenando efectos emocionales y fisiológicos.

Del mismo modo que un buen olor a comida nos puede hacer desear irresistiblemente comer ese determinado plato, o un perfume querer besar apasionadamente a una persona, de la misma manera un olor que no encaje con nuestro gusto nos puede hacer rechazar algo que nuestra educación o sensatez nos obliga a admitir. Por eso un mismo olor puede ser desagradable para unos y excitante para otros.

Pudiera ser que los olores activasen o bloqueasen determinados órganos y ésta fuera la causa de estos efectos muchas veces negativos, y así quedaría explicado el motivo por el cuál el ser humano ha tratado y trata de oler siempre a su gusto, aunque sobre olores buenos no hay nada seguro.

Tal es la importancia de los olores, y aunque la clase médica oficial no lo considere así, que las grandes compañías de perfumes buscan afanosamente aromas que cambien a las personas y las hagan adictas a un olor en particular. Invierten sumas cuantiosas de dinero en lograr perfumes que nos recuerden la juventud, la fortaleza o la belleza, lo mismo que intentan meter en un frasco de colonia el olor a bosque, madera, limones del Caribe, primavera o noches de luna llena. Lo curioso del caso es que no toda esta propaganda es ficticia, falsa, sino que obedece a una labor sabiamente planificada, ya que los químicos intentan verdaderamente que un perfume huela a algo determinado, algo que nos haga soñar en un mundo idílico.

No es una casualidad que ciertas colonias, como el Chanel nº 5, sigan siendo las preferidas de varias generaciones y que su aroma embriague por igual a todas las condiciones sociales y culturales. Esas fórmulas que permanecen fuertemente ocultas, son el resultado de la búsqueda de un olor que modifique nuestro comportamiento gracias a su penetración rápida en nuestro cerebro.

Otro asunto es que se utilicen los olores para productos que es obvio que no se van a comer, como es el caso de los muebles, los coches, la ropa o los jabones de tocador, llegando al caso curioso de fabricar lencería femenina con dulces aromas y hasta braguitas de papel comestible con olor a fresas. Todo vale en el mundo de los aromas si con ello no hacemos daño a nadie y contribuimos a meternos en un mundo de ensueño y nuevas emociones. Nadie duda ya que una noche de pasión puede constituir un delirio para el cuerpo si le añadimos unas gotas de esencia embriagadora. Y es que hasta las malvadas brujas comprendieron lo irresistibles que podían ser los perfumes cuando elaboraron los misteriosos filtros de amor, la mayoría de ellos mezclando sándalo y ámbar con otros compuestos menos agradables.

Nuevas investigaciones

Algunos profesores de la Universidad de Berna les pidieron a las estudiantes hembras que olieran las camisetas sin lavar de hombres desconocidos para ellas y que las clasificaran por la "simpatía" que sintieran. Razonablemente, se evitó que tuvieran el olor característico del sudor rancio, aunque se admitió el olor propio de la transpiración. Los resultados, confirmados estadísticamente, demostraron que el olor del cuerpo del varón fue considerado más agradable por mujeres que tenían unas características sanguíneas similares a la de los varones.

Otras conclusiones más fascinantes muestran que las mujeres que toman la píldora manifiestan algunas diferencias a la hora de elegir compañero. ¿Queda, entonces, la vida de una pareja perturbada cuando ella toma la píldora, o se queda embarazada? ¿Quedarían así explicados los cambios en las apetencias sexuales por ingerir la píldora? Y más pretenciosamente para nuestra demanda romántica, ¿podría usarse un combinado de hormonas para manipular la atracción sexual muy específicamente? ¿Podría una persona poner secretamente en una bebida hormonas para asegurarse el amor de su compañero/a? De momento, nada de nada.

Olor de mujer

Se ha creído durante mucho tiempo que los hombres son incapaces de decir cuándo las mujeres ovulan, aunque ellas sí lo perciben por ciertos cambios en su carácter. Nuevas investigaciones, sin embargo, sugieren que aunque los hombres no pueden ser conscientes que una mujer está ovulando, responden fisiológicamente con niveles de testosterona aumentados. En unas pruebas efectuadas en el Instituto Urban Ethology en Viena se emplearon 106 hombres, divididos en cuatro grupos. Se pidió que tres grupos inhalaran uno de los tres ácidos grasos presentes en las secreciones vaginales de las mujeres durante el ciclo menstrual. Uno de ellos imitaba la ovulación, otro la menstruación y el tercero otro momento del ciclo. El cuarto grupo de hombres inhaló sólo vapor de agua.

La investigadora Jutte encontró que los niveles de testosterona en la saliva de esos hombres expuestos al olor de la ovulación aumentaron al doble, mientras los niveles en aquellos que habían inhalado sólo agua disminuían al mínimo. Los niveles en los otros dos grupos aumentaron ligeramente.

La investigación anterior ha mostrado que aunque los monos Rhesus (monos de la India) responden a la ovulación a través del olor, en la ovulación de las hembras humanas esta peculiaridad permanece "oculta" a los hombres. Jutte cree, sin embargo, que la idea de que la ovulación humana está verdaderamente oculta para los hombres nunca se ha probado adecuadamente.

"Ciertos resultados hacen pensar en un tipo especial de ovulación o secreción, pues el efecto en los niveles de testosterona se alteran con facilidad."

Insiste en que los mamíferos tienen un órgano de olor adicional para percibir olores diseñados para alterar su comportamiento o fisiología, y que diversas pruebas indicaron que los humanos también tienen este órgano, conocido como el vomeronasal.

La conclusión es que, aunque pudiera ser que los hombres respondan fisiológicamente a la ovulación de las mujeres, parece poco probable que la ovulación afecte a su atracción hacia las mujeres.

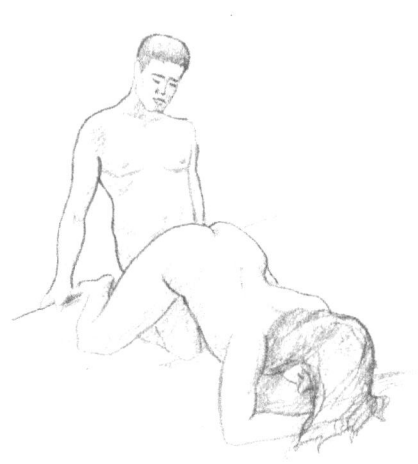

La testosterona

Se trata de la principal hormona masculina y que es generada en las células de Leydig en los testículos, por influencia de la hormona luteinizante (LH) segregada por la hipófisis anterior.

Las células de Leydig producen también, en cantidades muy inferiores, otros dos andrógenos menos potentes. La testosterona sabemos que estimula la formación de espermatozoides en los testículos y la aparición de las características sexuales secundarias masculinas después de la pubertad, como el crecimiento de barba y vello púbico, desarrollo del pene y evolución de la voz hacia un tono más grave. También, y en los dos sexos, es un anabolizante que acelera la síntesis de proteínas y frena su descomposición, lo cual induce a su vez la aceleración del crecimiento, favoreciendo el desarrollo muscular.

Pero los hombres no son los únicos que experimentan una subida de testosterona después de mirar una película pornográfica o violenta, pues las mujeres tienen la misma respuesta corporal. Según últimos experimentos, parte de la violencia del ser humano está influida directamente por esta hormona y las mujeres segregan igualmente cantidades significativas en sus respuestas violentas. Que unos la manifiesten con los puños y otras con las palabras, es solamente cuestión de fortaleza física disponible, pero la hormona está presente en ambos sexos.

En una prueba efectuada en el Instituto Ludwig Boltzmann de Viena, se pidió a 10 hombres y 10 mujeres que miraran durante 15 minutos una película pornográfica. Los investigadores tomaron las muestras de sangre de todos antes de la película y a diversos intervalos después. Se encontró un aumento significativo de la testosterona en los varones y menos en las hembras, en una proporción de 100 a 80 respectivamente.

Los estudios han mostrado que el aumento de testosterona que se produce durante el ciclo mensual de una mujer la hace más activa sexualmente y sería la explicación del mal humor que suelen tener muchas mujeres antes de la menstruación.

De la misma manera que la excitación sexual en los varones conduce a la erección, en las mujeres el deseo y la estimulación conlleva cambios en su fisiología genital. Los labios mayores, los menores, el clítoris, el glande periuretral, la uretra, el punto G, quizá el cuello del útero, y el músculo pubocoxígeo, son algunos de los muchos puntos erógenos que tiene una mujer a nivel genital.

El simple deseo, la atracción y, por supuesto, la estimulación de algunos de estos puntos, activan las abundantes terminaciones nerviosas que hay a esos niveles y el cerebro se inunda de señales sexuales. Como respuesta a estos estímulos, el sistema nervioso prepara a los órganos sexuales para una penetración fácil y placentera que culmine al final en un orgasmo.

El corazón aumenta los latidos, se eleva la tensión arterial y la sangre congestiona la vagina, el útero y el clítoris, dando la sensación de que toda la pelvis está llena. Esta misma congestión provoca un trasudado que aumenta la lubricación de la vagina y facilita el rozamiento del pene en su interior. Cuanto mayor es la estimulación física y genital, mayor es la vasocongestión genital y más aumenta el deseo de su resolución a través del orgasmo, el mecanismo final liberador.

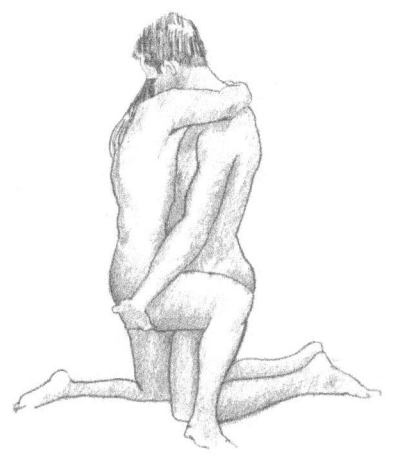

¿Se puede medir la excitación?

Aunque hay muchos investigadores que han tratado de medir la excitación sexual "científicamente", es imposible encontrar pruebas concluyentes en esta cualidad del ser humano en la cual intervienen el cuerpo y la mente. Unos investigadores dirigidos por Irwin Goldstein del Boston Hospital, estudiaron un grupo de mujeres que se quejaban de falta de excitación sexual. También se estableció un grupo testigo con mujeres sanas, dirigidas por la doctora Jennifer Berman, sobre los cambios fisiológicos que provoca la excitación sexual. El medio para excitar a las personas no era, por supuesto, una pareja desnuda entre sus brazos, sino que se les puso un caso de realidad virtual que representaba un vídeo pornográfico.

Las mujeres estaban recostadas en una camilla confortable, aisladas del entorno, aunque no sabemos si estaban desnudas debajo de una sábana. El vídeo contenía secuencias dotadas de cierta elegancia y una vez transcurridos unos segundos de película una investigadora introdujo en la vagina de la mujer una especie de falo (pene artificial) que serviría para medir la vasocongestión de la vagina. También le midieron, mediante un ecógrafo, los cambios en la vascularización del clítoris comprobando hasta dónde la excitación sexual eleva el flujo de este órgano tan sensible de las mujeres.

Bueno, todos sabemos que faltaba el cortejo previo, el roce de los cuerpos desnudos, la morbosidad, el olor corporal de la pareja y las caricias, por lo que la prueba solamente pudo ser una aproximación a la realidad y en ningún modo concluyente. Es como ese famoso informe sobre la sexualidad de Masters y Johnson que se hizo tan popular en los años 80. Todo el mundo creyó esas encuestas, entre ellas una que aseguró que el 70% de las parejas eran infieles entre sí. Pero lo que estos señores nunca quisieron admitir fue la gran facilidad que tienen las personas para mentir en las encuestas, especialmente en temas de sexualidad, pues es una parcela de la intimidad que casi nadie quiere divulgar, mucho menos a un desconocido y para que sea plasmada en un libro. Además, las personas que aceptaron participar en la encuesta eran precisamente las más liberales sexualmente, pues el resto no tuvo ningún interés en hablar sobre sus apetencias sexuales.

Factores excitantes

Al contrario de lo que se piensa, la excitación del hombre empieza en la mente, con la imaginación de lo que está por llegar o de lo que se esconde detrás de ese esplendoroso y en ocasiones sugestivo vestido. Posiblemente pensemos que contemplar la figura de la mujer es lo que excita más al hombre, pero no es así y la pornografía nos lo demuestra con suma realidad. Aunque se trata de un espectáculo visual, lo que verdaderamente calienta motores es pensar que nosotros somos los protagonistas de ese encuentro, del mismo modo que una conversación telefónica con una mujer insinuante nos puede excitar bastante más que un escueto bikini en una playa.

Después de la mente, son los sentidos los vehículos por donde llega la excitación, posiblemente en este orden: vista, gusto, tacto, oído y olfato. Repasemos estos elementos:

Vista:

La contemplación de una mujer desnuda es siempre un estímulo brutal para el varón, pero posiblemente lo sea más cuando el desnudo se realiza lentamente, pieza a pieza. Aunque ellas se compran lencería sugestiva y sexy para agradarnos, lo más interesante es ver cómo se la quita con deliberada picardía. Igualmente poderosa, y con frecuencia mucho más que en cualquier otra circunstancia, es la contemplación a hurtadillas del cuerpo desnudo de una mujer, sin que ella parezca percibirlo. Y si eso cuerpo desnudo es de una mujer prohibitiva (tiene pareja, es una simple amiga o vecina), los ardores amenazarán con quemarnos.

Gusto:
¡Estás para comerte! es casi una frase real, y en los encuentros amorosos se utiliza el cuerpo de la pareja con un deleite similar a cuando degustamos un exquisito plato. No es de extrañar por ello que muchas de las orgías para ejecutivos consistan en cubrir a la modelo desnuda de frutas y almíbar, para después degustarla durante largo rato.

46

La piel humana no es tan insípida como parece y conserva cierto sabor a la piel de la manzana o el melocotón, además de un ligero gusto a grasa suave que hace que la lengua y los labios se deslicen con facilidad. Además, permite "hincar el diente", besar y chupar, lo que nos acerca a lo que esperamos obtener con un dulce. Sin embargo, todo este delicado sabor se puede perder si nos damos una enérgica ducha justo unos minutos antes de hacer el amor, ya que no hay jabón por delicado que sea que se pueda igualar al sabor de la piel humana. Así que, la ducha debería realizarse al menos una hora antes (salvo circunstancias especiales), para que la piel recupere el pH y su película grasa.

Olfato:

Los olores sexy procedentes de los perfumes suelen ser algo más intensos que los habituales de la higiene diaria, distribuyéndose habitualmente por detrás de las orejas, la cara interna de los muslos y el ombligo. Nada más es necesario, ya que de ser muy intenso tendríamos un efecto tan embriagador que nos aturdiría.

No menos importantes son los olores propios de cada sexo y aquellos ocasionados por las secreciones originadas por la excitación. Que las mujeres y los hombres huelen diferente es tan cierto como que las diferentes razas también poseen un olor característico. Del mismo modo, la alimentación y los medicamentos o plantas medicinales, rezuman su olor característico a través de la piel

Tacto:

Desde los primeros encuentros amorosos el tacto entre los amantes es un hecho cotidiano y frecuente. Para los hombres es la suavidad y redondez del cuerpo femenino lo que les entusiasma, mientras que para ellas será la solidez de sus músculos y la ligera aspereza que otorga el vello.

Hay zonas especialmente sensibles al tacto erótico, aunque debemos advertir que cada persona tiene las suyas propias, y no es prudente generalizar. Ellas suelen agradecer de modo general las caricias en el cuello, los pechos, los muslos y el trasero; mientras que los varones son más genitales.

En esto del tacto juega un papel muy importante los músculos de la vagina, y una mujer experta puede acrecentar las sensaciones del varón contrayendo voluntariamente los músculos vaginales para abrazar aún más al pene.

Diferente respuesta sexual

La respuesta sexual se compone de cinco elementos que se manifiestan de distintas maneras según el sexo, siendo estos:
El deseo sexual
La excitación
La fase de meseta
El orgasmo y
La resolución

El deseo sexual

Es casi seguro que el apetito sexual es un proceso psicosomático basado esencialmente en la actividad cerebral, el cual actúa como un guionista de cine que nos va indicando las fases de la excitación, aunque previamente nos avisa si existen los requisitos necesarios para excitarnos, como son la motivación y las ganas de realizar el acto sexual.

Se admite que en una pareja estable la causa principal de falta de deseo es el aburrimiento en la relación, aunque este aburrimiento no sea puramente sexual sino afectivo. Una pareja que ya no se comunica por el día y que tienen que organizar por separado sus ratos de ocio, es bien seguro que tampoco deseen hacer el amor juntos. En este sentido es de destacar el hecho de que una relación sexual esporádica, muy espaciada, produce con frecuencia una disminución del apetito sexual muy marcada, en lugar de un aumento. A fin de cuentas, la continuidad en el sexo crea una necesidad, casi una dependencia, y el cuerpo acostumbrado a tener sensaciones orgásmicas continuadas no podrá pasar sin ellas. Se trataría de esas personas que manifiestan que no pueden dormir si no hacen el amor, postura favorable a una buena sexualidad siempre y cuando los dos opinen lo mismo, ya que en caso contrario puede existir apatía aunque no existan problemas para ejecutar el coito. Por ello, podemos considerar que el deseo sexual está influido por una serie de elementos, que pueden ser orgánicos, emocionales, cognitivos y ambientales, constituyendo un cóctel que, debidamente agitado, nos garantizará el éxito.

Para que exista una respuesta sexual correcta son necesarios básicamente dos factores: un cuerpo adecuado y una mente dispuesta. En aquellos casos en que todo está en buenas condiciones y no existen patologías serias que en principio obstaculicen el placer sexual, podemos recurrir a la ayuda de los afrodisiacos para aumentar las sensaciones. Estos complementos a la sexualidad son perfectamente recomendables cuando queremos tener sensaciones y placeres aún escondidos, de la misma manera que podemos recurrir a las películas porno, la música romántica, un ambiente embriagador y una ropa sexy; todo vale si ambos están de acuerdo en ello.

La motivación juega un rol nada despreciable, ya que no es simplemente la necesidad de satisfacer una necesidad biológica, sino que debe existir una conexión con el otro, de sentirse amado, seguro, acompañado, siendo estos una serie de elementos que llevan al individuo a sentir deseo sexual por su pareja.

La excitación sexual

Para que el comportamiento sexual de hombre y mujer se pueda realizar con eficacia y normalidad se requieren ciertas condiciones: motivación para el sexo, deseo o impulso, excitación vasocongestiva suficiente y orgasmo.

En el varón el orgasmo culmina casi siempre con la emisión inevitable del esperma, la cual está controlada por las contracciones de la próstata y la uretra. En la mujer puede existir también eyaculación, así como contracciones, aunque suelen quedar más ocultas. En ambos casos, previo al orgasmo hay un momento de tensión muscular generalizada, contracturas perineales y un empuje pélvico involuntario.

Una vez alcanzado el orgasmo hay una sensación de relajación, bienestar y un periodo refractario en los varones, los cuales necesitan un periodo variable para poder alcanzar otra erección. Las mujeres, en cambio, se las considera multiorgásmicas, y pueden tener varios orgasmos casi inmediatamente.

En cualquier caso, no existe una norma que podamos considerar universal y todas las personas deberían entrar dentro del apartado de "normales".

Estas sensaciones se pueden desencadenar por un sinnúmero de mecanismos que estimulen cualquiera de nuestros sentidos y que van en directa relación con las experiencias vividas. Esto ocasiona una respuesta fisiológica distinta en cada persona, tanto en el hombre como en la mujer.

En el hombre se produce la señal más visible, la erección del pene, y esta se origina fundamentalmente por un cambio en la circulación arterial y venosa, en respuesta a un estímulo nervioso.

La rapidez con que se alcanza la erección depende de cada individuo, pero los jóvenes tienden a tener erecciones más rápidas que los de mayor edad, que requieren de mayor estímulo para lograrla, sin que esto sea un hecho patológico. También se debe señalar que durante el juego erótico la erección puede disminuir o incluso perderse, pero esto es parte de la respuesta normal. Paradójicamente, quienes tienen el pene más pequeño pueden mantener una buena erección durante más tiempo que aquellos que disponen de unas medidas más generosas. Puesto que es la sangre lo que mantendrá la erección, siempre será más fácil llenar un vaso que una jarra.

Otros cambios implican la contracción sostenida del escroto que se traduce en el ascenso testicular, el aumento del ritmo cardiaco, de la presión arterial y del tono neuromuscular en general. En las mujeres, el elemento que se podría emular con la erección masculina es la rigidez del clítoris y de los pezones. También hay un aumento de la lubricación vaginal, resultado directo del incremento de flujo sanguíneo a nivel pélvico, y una vasodilatación en las paredes de la vagina.

En los genitales externos se hinchan los labios mayores y menores, mientras que el clítoris entra en una erección progresiva. En relación con la estimulación clitoridea cabe mencionar que es un elemento muy excitable, pero sin embargo en los estudios se ha establecido que la mayoría de las mujeres no lo disfruta si no ha comenzado previamente el juego erótico, ya sabemos: abrazos, caricias y besos, pues el estímulo vigoroso sin excitación previa puede producir incluso dolor. Una estimulación suave alrededor del clítoris puede ser un buen comienzo.

También hay cambios en las mamas, con un marcado aumento y turgencia; un aumento del ritmo cardiaco, de la presión arterial y del tono neuromuscular en general.

La fase de meseta

Físicamente, en el hombre aumenta la rigidez peneana y se produce un incremento en el tamaño del glande, los testículos alcanzan su ascenso máximo y se produce frecuentemente la eliminación de un fluido preeyaculatorio, el cual provendría de las glándulas de Cowper y que sirve como lubricante.

En las mujeres se produce un aumento de volumen del tercio exterior de la vagina, como consecuencia de la vasodilatación de esa zona, una disminución del espacio vaginal y mayor contacto con el pene, adaptándose sin problemas a su tamaño, por lo que desmitifica el grosor del pene.

La lubricación vaginal está aumentada, aunque si el estímulo es demasiado prolongado la lubricación podría disminuir en forma considerable e incluso detenerse bruscamente, aumentando incluso el espacio vaginal y perdiéndose el roce.

Sería el equivalente a la pérdida de erección en el hombre, aunque igualmente constituye una respuesta normal.

En ese momento el fondo vaginal aumenta su ancho y profundidad, disminuyendo la sensibilidad en las terminaciones nerviosas, razón por la cual la profundidad de la penetración no aumenta la sensación placentera y vuelve a desmitificar el hecho que un pene largo podría proporcionar más placer sexual.

La característica para ambos sexos es la presencia de un nivel alto y sostenido de tensión sexual, habitualmente de corta duración y durante el cual ya empiezan a dominar los sentidos sobre el intelecto. Es el momento en el cual la mujer "se deja hacer", pierde sus inhibiciones morales y solamente desea continuar con más intensidad el contacto.

El varón prefiere la participación más activa, con cierta dominación, pero de igual modo pierde el control de sus emociones y le resultará difícil dar marcha atrás. Llegado este momento es cuando las personas hacen cosas que en un estado más sereno nunca harían, arrepintiéndose más tarde - cuando todo ha pasado-, de haber realizado concesiones a personas no deseadas, o insistir en hacer el coito cuando moralmente no deberían. Una vez finalizado, el sentimiento de culpa es intenso, nos reprochamos no haber podido controlar nuestros sentimientos y hasta manifestamos hostilidad a la persona con la cual acabamos de hacer el amor.

La mayor parte de las infidelidades se dan por haber llegado a esta fase incontrolable, pues todos creemos que siempre podremos volvernos atrás y que realmente estamos jugando.

Orgasmo

Si la estimulación sexual aumenta, se alcanzan niveles de tensión sexual elevados que llevan al umbral del orgasmo, desencadenando posteriormente una serie de reflejos, que en su conjunto constituyen las sensaciones orgásmicas. Junto a todo ello hay un aumento de la salivación (se le cayó la baba, lo que no nos extraña), la transpiración es más intensa, la piel tiene un olor especial lo mismo que los órganos genitales, y el movimiento rítmico iniciado enloquece.

Una vez finalizado el acto el desenlace es increíblemente rápido, especialmente en el hombre. Parece que no ha roto un plato en su vida. Se fuma un cigarrillo o se da la vuelta en la cama, sin ni siquiera despedirse hasta la próxima. La mujer, algo más lenta en enfriarse (incluso podrían repetir varias veces sin problemas de eficacia), prefiere acurrucarse o meditar sobre lo bien que sienta el sexo a cualquier hora.

En el hombre

En el varón, el orgasmo se divide en dos etapas: la primera es la emisión de semen a nivel de la uretra prostática, situada entre el esfínter estriado y liso. Debemos recordar que la próstata es una glándula pequeña irregular, de color rojizo, que está unida al cuello de la vejiga de la orina y a la uretra, y que segrega un líquido blanquecino y viscoso.

Las contracciones rítmicas se originan entonces cada 0.8 seg., lo que produce un aumento de la presión en la uretra prostática, manifestándose la sensación de eyaculación inminente que no se puede detener, ya que los mecanismos reflejos ya fueron desencadenados.

Secundariamente se produce la eyaculación real mediante la unión de la contracción rítmica de la musculatura de la uretra bulbar, de la glándula prostática, las vesículas seminales y de los músculos de la base del pene, además de una serie de sensaciones neurovegetativas que comprometen todo el cuerpo.

Justo en el momento cumbre la respiración se torna rápida, poco profunda y se vuelve casi imperceptible; diríamos que hasta el corazón parece detenerse, aunque para tranquilidad de los mayores hay que advertir que las posibilidades de morir de un infarto durante el coito son mínimas.

Sin embargo, en esos momentos hay ciertamente una disminución del aporte de sangre al cerebro (las mujeres dicen que perdieron el sentido y los hombres que se pusieron morados), cosa lógica ya que los genitales se hinchan a base de sangre.

Carencias de orgasmos en el hombre

Un hombre totalmente normal puede acusar una falta de estímulo para realizar el amor y con frecuencia una carencia de orgasmos. De tanto mostrarnos en el cine y la literatura a los hombres corriendo ansiosos detrás de la vagina femenina, nos han hecho creer que esta era la única respuesta válida. Hasta tal punto existe esta creencia, que pensamos que un hombre que no manifieste deseo alguno de cortejar a una dama es, cuando menos, un anormal o un gay.

Pero una vez que los imperiosos instintos de la juventud quedan ya atrás, el ser humano es capaz de canalizar su felicidad y necesidades hacia metas y lugares muy distintos al del apareamiento, logrando una plenitud en su vida mejor que aquellos que solamente buscan unas piernas femeninas abiertas ante sus ojos. Si ellas pueden ser castas aparentemente sin problemas (tal y como se demuestra en millones de viudas o religiosas), no hay razón para pensar que los varones no puedan sentir igual.

Por ello, un varón que no quiere o no siente deseo de hacer el amor lógicamente no podrá alcanzar la erección. Por desgracia, lo más habitual es que un diagnóstico precipitado puede condenar a un hombre a padecer un cuadro depresivo y a ser rechazado por su pareja (y en demasiadas ocasiones objeto de burla), cuando un estudio más sereno aconsejaría en primer lugar otras alternativas o personas para satisfacer sus deseos sexuales.

Si un hombre tiene capacidad de erección voluntaria con la masturbación, con la visión de personas desnudas o mediante otro tipo de estímulos que se pueda inventar, no se le puede diagnosticar como impotente, del mismo modo que tampoco lo es aquél que tiene erecciones involuntarias durante el sueño. Tampoco se puede hablar de impotencia cuando su problema se manifiesta con una determinada persona, o en determinadas circunstancias. Con demasiada frecuencia la causa está en una falta de aliciente para hacer el amor con esa pareja.

En las mujeres

Durante el orgasmo predomina la sangre venosa, se eleva la presión arterial y hay una gran excitación de los centros nerviosos motores que estimulan la sensibilidad cutánea, genital y muscular. Junto al deseo de estrujar y arañar a la persona que nos acompaña (quizá para que no se marche en ese momento tan decisivo), se manifiesta una fuerte vasodilatación en los vasos cerebrales que puede provocar dolores de cabeza, el sentido del oído queda casi anulado, la punta de la nariz enrojece lo mismo que la conjuntiva de los ojos, y se produce una taquicardia totalmente palpable.

Pero en la mujer no existe una sensación que emule el punto de eyaculación inminente. Lo que se ha encontrado es un repentino estallido de calor y placer a nivel del clítoris que luego se propaga por todo el cuerpo. Además, se desencadenan una serie de contracciones involuntarias de la musculatura en distintas partes del cuerpo, pero con mayor intensidad en el útero y es el momento en el cual existe la pérdida del control de las emociones. Incluso se ha descrito la pérdida del conocimiento por escasos segundos.

Algunas mujeres pueden repetir estas fases varias veces, conociéndose como mujeres multiorgásmicas (el sueño de todo varón, dicen), pero la ausencia o presencia de este hecho no constituye una anormalidad. Las personas pueden volcarse en la consecución de un único orgasmo durante el juego amoroso y no necesitar uno nuevo hasta pasados unos días, del mismo modo que hay quien apenas con unos minutos de descanso puede iniciar un nuevo cortejo con idéntica pasión.

El período de resolución

Consiste en que los cambios generados por la excitación sexual vuelven a su estado previo. En el hombre la parte inicial de esta fase es el período refractario absoluto, que es muy corto en la juventud y aumenta progresivamente con los años. También se ha encontrado que éste tiende a alargarse cuando aumenta la frecuencia de coitos.

Durante este periodo no se puede producir una nueva una eyaculación, independiente de la estimulación sexual que se presente, aunque la erección es posible.

Carencia de orgasmos en la mujer

Anorgasmia: se refiere a la dificultad de conseguir el orgasmo, incluso a pesar de que se ha alcanzado un nivel elevado de excitación sexual. Puede ocurrir incluso aunque se ame a la pareja. Básicamente, cuando esas mujeres logran desinhibirse mediante un ambiente adecuado, pareja experta, música o la toma de alcohol (especialmente champán), pueden lograr un orgasmo de cierta intensidad.

Lo primero que hay que diferenciar es si la mujer solamente tiene una ausencia de orgasmos o si ni siquiera tiene excitación sexual. Lo más normal, o lo más habitual, es la inhibición del orgasmo después de una fase de excitación sexual aceptable o cuando menos una inclinación favorable a mantener relaciones sexuales. En las mujeres jóvenes no es frecuente encontrar una ausencia total del deseo de mantener relaciones sexuales, ya que esta característica se da habitualmente después de la menopausia y especialmente en mujeres viudas.

Se considera que aproximadamente un 10% de las mujeres no consiguen alcanzar el orgasmo a través de ningún tipo de excitación o persona, aunque también se cree que la mayoría de ellas consiguen altas sensaciones placenteras mediante la estimulación del clítoris.

Y así llegamos a la abultada cifra de un 50% de mujeres que según dicen no logran alcanzar el orgasmo mediante el coito, aunque no hay que considerar estas cifras como seguras, dada la gran tendencia de las personas a mentir en las encuestas. Para muchas mujeres sin pareja, afirmar en público o ante el médico la nula necesidad de mantener relaciones sexuales, constituye una prueba de su independencia con respecto al varón. Esta máscara casi nunca es real, pues solamente supone una adaptación forzada a las circunstancias.

Al igual que ocurre en el varón, la falta de orgasmos en la mujer requiere dos tipos de terapia, una en solitario y otra con la pareja habitual si la hubiera. Sin embargo, cuando la anorgasmia es muy antigua, quizá la presencia de la pareja habitual puede resultar inhibitoria para un buen desarrollo del tratamiento.

La masturbación se sugiere como un primer punto para alcanzar el orgasmo, y si es rechazada enérgicamente (lo que es frecuente), indicaría un problema exclusivamente personal y no de relación de pareja. Aun así, hay que insistir que se realice pero en condiciones de máxima seguridad, donde puedan estar tranquilas y sin ser sorprendidas, indicando que se pueden emplear recursos imaginativos (fotos o películas) que puedan resultar útiles por lo novedosos. Físicamente, se aconseja que contraigan los músculos abdominales y perineales, que facilitan la descarga orgásmica, quizá por distracción.

En las mujeres jóvenes no es frecuente encontrar una ausencia total del deseo de mantener relaciones sexuales

Un grupo muy grande de mujeres responde a la estimulación del clítoris, por sí mismas o mediante una pareja, pero no consiguen pasar de esa fase de excitación, siendo este grupo el más numeroso y el que más fácilmente acude a las consultas. En ellas se sacan a la luz una serie de defectos en su relación, como puede ser un estímulo sexual inadecuado (por defecto, motivación o técnica), así como una ignorancia compartida con su pareja relativa a la anatomía femenina y cómo manipular las zonas erógenas.

También, el convencimiento de que su compañero no podrá completar el acto por padecer impotencia o eyaculación precoz, le conducirá a un resentimiento o aversión que bloqueará su mente desde los comienzos.

Estas mujeres son presas fáciles de personas ansiosas de conquistas rápidas y suelen hacer caso de los consejos de amigas amargadas que no han conseguido nunca ser amadas intensamente.

En estos casos, las nuevas experiencias no tienen porqué ser mejores (dada la premura con que se llevan a cabo suelen ser desastrosas) y la falta de afectividad sincera hacia ellas conduce a la mujer a un callejón de difícil retorno.

Si después de una larga temporada de ausencia de excitación sexual y orgasmos consigue un día uno placentero, es posible que tampoco se sienta a gusto con ello, ya que para ella el abandono de las inhibiciones, los gemidos y las secreciones propias del orgasmo, le causan desagrado y prefieren volver a tener el control absoluto de sus emociones.

Este caso es muy frecuente en mujeres con un alto nivel intelectual y cultural, acostumbradas a tomar sus propias decisiones, para las cuales perder el sentido durante el acto sexual y sentirse solamente "hembras", les causa un sentimiento de desagrado y prefieren volver cuanto antes a la situación anterior o al menos no perder el control de sus actos delante de otra persona.

Si sus convicciones feministas son muy radicales les será muy difícil aceptar esa dependencia sexual y afectiva hacia un hombre, prefiriendo renunciar a ello con tal de seguir con su independencia.

En el supuesto de que nos encontremos con una mujer con pareja estable, psicológicamente equilibrada y que desee alcanzar una plenitud sexual, el tratamiento debe ir unido al diálogo con ambos miembros.

También deberá aprender que la satisfacción sexual la puede lograr mediante la estimulación a su compañero y no solamente con su propia piel. Sentir que el cuerpo de su pareja vibra de placer ante sus caricias puede resultar más estimulante incluso que recibirlas.

Existe una zona especialmente importante, además del clítoris, denominada Punto G, que se encuentra en el tercio externo de la vagina, en el músculo pubococcígeo, el cual parece ser una zona especialmente sensible en la mujer y que se puede estimular y fortalecer su función mediante manipulaciones continuadas.

¿Es recomendable el vibrador?

Los fabricantes de estos aparatos obviamente prometen sensaciones superiores a la que se obtendría con la presencia de pareja; pero esto es publicidad, salvo que las inhibiciones de la mujer para llegar al orgasmo pueden recomendar su uso. Las novedades en la sexualidad pueden lograr que se despierten sensaciones dormidas o que nunca existieron, por lo que, en principio no existe contraindicaciones para su empleo ocasional. Sin embargo la utilización de este aparato es delicada, ya que aumenta el umbral de estimulación en quien lo utiliza y por ello, algunas mujeres se sienten incapaces de alcanzar un orgasmo sin el uso de un aparato como el mencionado.

Distraerse

Es uno de los problemas más habituales en la pareja, pues si la mente se va hacia recuerdos o problemas pendientes, sea de índole hogareño o laboral, se desencadena una transferencia de las sensaciones hacia el cerebro, por lo que los impulsos nerviosos que ocasionan las sensaciones sexuales quedan bloqueados. Durante el coito es muy importante que se centre la atención en fantasías, en los movimientos del coito, en la respuesta de la pareja.

Estimulación simultánea de clítoris y coito

Para muchos es la técnica idónea y la única capaz de despertar a una mujer sexualmente dormida. Para ello existe el remedio universal de que sea la mujer quien adopte la postura que más la satisfaga y que se encargue de realizar los movimientos activos del coito.
Otra técnica interesante es que ella se ponga en posición superior, sentada y con el pene ya introducido, mientras que la pareja efectúa las manipulaciones y ella se mueve a su ritmo y manera.
Este método es adecuado para despertar a unos sentimos dormidos, ya que en ocasiones es solamente cuestión de eso, de tocar donde y como antes nadie había tocado.

Los diez mandamientos del coito

1.   Un error en ambos es intentar a toda costa llegar al orgasmo, especialmente a ese orgasmo simultáneo que se pregona como ideal. Las relaciones sexuales son mucho más que el coito y que el orgasmo, aunque ambos suponen el colofón a una actitud inicial.

2.   La relación sexual no se fuerza; se realiza solamente cuando se siente o necesita.

3.   No hay una frecuencia "normal", aunque las encuestas suelen dar datos que confunden a las personas.

4.   Tampoco hay un tiempo mínimo para el coito, ni un tiempo idóneo. Cada momento y cada pareja determinarán lo que hay que hacer, sin condicionamientos.

5.   No hay una respuesta estándar ante las caricias, ni siquiera unas zonas erógenas universales. El principio que debe regir nuestras relaciones sexuales es el de la personalización, la individualidad de cada cual.

6.   Nada hay de anormal en las relaciones sexuales, salvo aquello que a uno le resulte desagradable.

7.   Tan admisible es realizar el coito inmediatamente que se establece el contacto, como prolongarlo horas sin llegar al orgasmo.

8.   El cambio de pareja y de sexo, por aquello de probar experiencias, suele ocasionar problemas de relación en la pareja estable.

9.   No existen posturas mejores para lograr el éxtasis sexual, sino posturas adecuadas a nuestras características físicas.

10.   No pida opinión a los demás sobre cómo hacer el amor; eso es algo que debe hablar exclusivamente con su pareja.

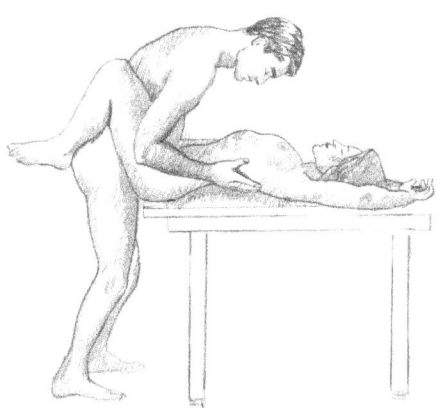

CAPÍTULO 3

FANTASÍAS SEXUALES

Para los hombres, hacer el amor es morir un poco en cada acto. Para las mujeres, supone recibir una semilla de vida

Dicen que una gran parte de la actividad sexual de las parejas que conviven es "sexo rutinario", pero cuando ello se comenta todos miramos al vecino, a nuestro amigo o familiar, pues estamos seguros que nosotros no caemos en estos errores.

A los jóvenes les preocupa especialmente esta circunstancia, pues están seguros que todas las personas que llevan muchos años de matrimonio tienen este mismo problema. Antes de casarse han hablado mucho sobre ello y han llegado a la conclusión que en la variedad está el gusto. Piensan que con disponer del "Manual de posturas para hacer el amor" o conocer el último tratado sobre "Los puntos erógenos de tu pareja", este problema nunca lo vivirán.

También están convencidos de que las relaciones sexuales en personas mayores pueden ser muy afectivas, pero necesariamente carecen de la pasión que se siente en los primeros encuentros con una persona nueva. Bueno, nada de esto es cierto, pues la sexualidad se puede vivir con la misma intensidad a los 20 que a los 50, con la misma pareja de toda la vida que con el nuevo amor, en el hogar lo mismo que en un hotel.

Las parejas que conviven ven apagarse por momentos sus pasiones de los primeros tiempos exclusivamente por motivos personales, esencialmente de incomunicación o discordia, y cuando asisten a una sucesión de relaciones sexuales insípidas no las relacionan con el resto de su vida. Esto no tiene nada que ver con el amor que puede seguir desarrollándose y ser más intenso de lo que era en los comienzos, con lo cual las pasiones sexuales se renovarán y crecerán como lo hacen nuestras uñas.

El tiempo pasa para todos y lo que ayer era novedad hoy no lo es, pero sabemos ya más sobre el cuerpo del otro que antes y con ello nuestra maestría para hacerle vibrar aumenta. El problema es que las parejas olvidan el cortejo diario, el beso fugaz y la caricia sin ningún propósito, y si a esto se le suman las rutinas del trabajo, la presencia de los hijos o familiares, y el mantenimiento de la casa, no hay romanticismo ni pasión sexual que resistan tanta presión y tanta familiaridad.

Las parejas necesitan intimidad, hasta para discutir y reconciliarse.

¿Qué son las fantasías?

Las fantasías sexuales son productos de la imaginación que todos somos capaces de crear. Desde la infancia y así el resto de nuestras vidas, la mayoría de la gente tiene fantasías sexuales que sirven para una variedad de funciones y que pueden despertar una amplia gama de reacciones. Algunas son placenteras y excitantes, mientras que otras pueden resultar desconcertantes y hasta incómodas.

Una función esencial de la fantasía en la adolescencia es imaginarnos lo que nos gustaría hacer, pues vernos realizando acciones sexuales que aún no han transcurrido, con personas a las cuales es difícil llegar, es una gratificante manera de compensar nuestros deseos no satisfechos.

Por eso es normal que un adolescente pase largo tiempo imaginando diferentes escenas eróticas con personajes de la ficción o con alguien conocido al que le resulta difícil acercarse.

El uso adulto de la imaginación sexual es muy variado, pues muchas veces es usada para inducir o aumentar la excitación sexual, cosa que puede suceder en solitario cuando no hay un compañero disponible, pero también es común que sea usada durante la actividad sexual con alguien. Con ello se pretende incrementar la excitación y convertir la situación actual en una más apasionada.

Las fantasías pueden aumentar tanto los aspectos fisiológicos como los psicológicos de la respuesta sexual, de muchas maneras:

1. Contrarrestando el aburrimiento
2. Focalizando los pensamientos y sentimientos (borrando distracciones o presiones)
3. Mejorando nuestra propia imagen

Las fantasías sexuales también promueven un ambiente seguro para dejar ir la imaginación y que surjan con fuerza los sentimientos sexuales. Nos aportan tranquilidad y seguridad porque son privadas y ficticias, asegurándonos que nadie sabrá de ellas, al mismo tiempo que el aspecto inventado de las fantasías nos libera de responsabilidad y nos permite jugar con ellas. Y como somos el director de la escena y el protagonista principal, podemos suspenderlas abruptamente si no nos gustan o cambiarles el rumbo.

Las escenas fantaseadas, si bien solo son excursiones de la mente, ayudan a encontrar una excitación, aventura, autoconfianza y placer a nuestro modo y manera. De esa manera se recrean personas que pasaron por nuestras vidas y con las que no pudimos o no quisimos entablar relaciones amorosas, al mismo tiempo que podemos tener siempre en nuestra mente y cuerpo a la persona que ahora mismo amamos.

No crean que las fantasías sexuales son cosas extrañas, pues cuando a alguien le preguntan cuál es su tipo ideal de pareja, suelen describirla con todo detalle, lo mismo que si le pedimos cómo sería una fantástica noche de amor y sexo. Indudablemente algunas personas tienen su imaginación más desarrollada que otras y les será más fácil llegar a formarse una película digna de un oscar a la fantasía erótica. Un exceso de fantasías sexuales, incluidas las prácticas sadomasoquistas y el fetichismo, son perfectamente admisibles cuando forman parte de la imaginación y del diálogo entre dos personas adultas.

Con la mente nos podemos inventar toda clase de historias por escabrosas y prohibidas que nos parezcan, ya que sino salen de nuestra imaginación (no se materializan) es imposible que podamos hacer daño a alguien con ellas. En este sentido es muy habitual que personas sexualmente y psicológicamente muy equilibradas dejen volar su pensamiento hasta mundos totalmente prohibidos. Es frecuente que en las consultas de los psicólogos las personas hablen de que sueñan - despiertos o dormidos- que hacen el amor con menores, con familiares cercanos, con personas del mismo sexo, con políticos y hasta con extraterrestres.

También es bastante frecuente que se imaginen practicando violaciones, torturas o siendo sometidos a malos tratos por personas imaginarias o que forman parte de su entorno. Para muchas mujeres el imaginarse siendo seducidas por un galán guapo y teniendo con él unas relaciones sexuales inagotables, es tan normal como que un hombre totalmente sereno se imagine entrando en la casa de su vecina para hacer el amor con ella en ausencia del marido.

Todas las fantasías entran dentro de lo "normal" siempre y cuando no condicionen la vida afectiva.

Lo que hay que tener cuidado con estas fantasías es cuando las exteriorizamos y se las contamos a nuestra pareja. Es posible que ayude a que ella nos cuente a su vez las suyas, aquellas que permanecían en su interior y que no se atrevía a contar a nadie, o que le desagrade oírlas. Estas situaciones nunca se deben forzar y ante cualquier señal negativa mejor nos pasamos a lo clásico, a besar y a bucear.

Parece que en general los hombres fantasean más que las mujeres, pero esencialmente todos desarrollamos nuestro propio mapa del amor, un escenario mental que tiene las características del amado y también las actividades sexuales y afectivas que nos resultan más eróticas. Ese mapa es como las huellas digitales de la personalidad sexual de cada uno de nosotros, y las cosas que nos excitan sexualmente son únicas, pero la ventaja es que las podemos compartir gran parte de ellas con nuestra pareja.

Las fantasías sexuales completan el esecenario del amor y agregan las pistas que le faltan, pero sobre todo entretienen los pensamientos y permiten que nos concentremos en las sensaciones placenteras, sin censuras y aumentando la posibilidad de excitación erótica.

La fantasía y el deseo sexual a veces pueden aparecer juntos y ser el motor que enciende la mecha sexual. Recuerden si no cómo nos comienza a encender la pasión al medio día solamente de pensar la orgía sexual que nos espera por la noche, o el esmero con el cual seleccionamos la ropa interior que alguien nos quitará pronto.

Evite el aburrimiento

Mirar desde lejos las relaciones sexuales de otras personas ha sido siempre uno de los pasatiempos preferidos de los humanos

No debemos confundir rutina con aburrimiento, conceptos que llevan a muchas personas a menospreciar su actual vida sexual y buscar emociones dignas del mejor filme pornográfico. Si usted ha visto una película de estas, en las que el argumento es poco menos que un esbozo, se dará cuenta que no hay posturas nuevas, caricias inéditas y ni siquiera modos de desnudar a la pareja que no conozcamos todos.

La razón por la cual tienen un enorme atractivo para las parejas, es que nos convierten en mirones voluntarios del comportamiento humano. No sabemos las razones para ello, pero fisgar en la vida privada del vecino y de las personas famosas se ha convertido en uno de los impulsos más intensos de la sociedad moderna.

Por eso ser invitados a las casas de parientes y amigos constituye para muchos un motivo más de interés, pues averiguan cómo y dónde viven, curiosidad satisfecha plenamente cuando nos enseñan el álbum familiar. Después vienen miles de preguntas sobre cómo piensan, se divierten y trabajan, con lo cual en pocas horas tenemos ya un esquema de la vida de esa persona. Si, además, nos hablan de sexo (especialmente ellas), saldremos entusiasmados y desearemos que nos vuelvan a invitar.

En cuestiones de sexo existen dos pensamientos opuestos:
1. Quienes piensan que cualquier pareja tiene una vida sexual mucho más intensa y variada que la nuestra.
2. Quienes estarían dispuestos a enseñarnos cómo debemos realizar el amor, y si le prestamos nuestra pareja para la comprobación, mejor.

También existe otro ejemplar humano muy abundante, especialmente varón, y es aquel que está convencido de que en sus manos nuestra pareja vibraría de pasión, pues sus cualidades practicando el sexo superan con mucho a las nuestras. Miran y remiran a hurtadillas a nuestra pareja, como si se tratara de una radiografía, intentando buscar las zonas que le gustaría tocar ahora mismo, si pudieran. Nunca nos ha visto en la cama, ni sabe media palabra de nuestros gustos, pero una simple mirada a nuestro amor le ha despejado todas las dudas y hasta considera necesario intentar seducirla.

Las mujeres tampoco están exentas de este razonamiento egocéntrico, pues están convencidas de que cualquier hombre vibraría de pasión ante su cuerpo desnudo, al menos más que su propia pareja.

Dedíquese a su pareja

Paradójicamente, lo que todos estamos dispuestos a realizar en un idilio espontáneo, de esos improvisados que surgen en las horas de un día cualquiera, solemos practicarlo bien poco con nuestra pareja habitual. Muchas personas infieles han practicado el sexo con sus nuevos amores durante cinco de las ocho horas del sueño, pero apenas dedican diez minutos a su pareja habitual. Las mujeres porque están cansadas y los varones porque solamente les interesa el agujero situado en medio de las piernas.

Lo que yo les propongo es que fomenten todos los días las ansias sexuales suyas y las de su pareja, y que pongan toda su imaginación y energía en su pareja; a fin de cuentas la han elegido voluntariamente. Sepa que el deseo puede durar toda su vida, aunque necesitará adaptarlo a los nuevos tiempos y edades, y que con la madurez no llega el tedio como algunos quieren decirle, sino la perfección. Con el paso de los años las relaciones se hacen más cómodas y sabemos con precisión lo que quiere nuestro amante en ese preciso momento. Comenzamos a pensar de manera más práctica y aunque nos sigan gustando las noches con velas, las bellas canciones de amor y la lencería sugerente, no nos parecen imprescindibles para el día a día, prefiriendo reservarlas para ocasiones especiales.

Para aquellas personas que gustan idealizar los amores del pasado o incluso amores imaginados, les podemos asegurar que en pocos días encontraremos defectos aun en el más soñado de los amantes, pues pronto aparecerán las incompatibilidades en la personalidad, las aficiones y las relaciones sociales. Compartir horas de ocio es bueno, pero podemos caer en el tremendo error de muchas personas que dicen haber conocido al "gran amor de su vida" durante su mes de vacaciones, en un lugar soleado con playa. Así nos enamoramos todos, pues no tenemos problemas financieros, ni de trabajo, y solamente queremos divertirnos mostrando la mejor de nuestras caras. Cuando se retorna al trabajo y vuelven los problemas cotidianos, la luna de miel se termina.

Si he de dar un consejo generalizado, diría que eviten comprometerse en:
1. Vacaciones de verano
2. En una fiesta en donde abunde el alcohol
3. Cuando acaben de romper con su pareja habitual

Manos a la obra

El sexo en una pareja que convive no tiene porqué ser aburrido y tampoco consiste en darle vueltas a la cabeza buscando posturas o situaciones insólitas, pues no hay imaginación que resista tanta presión durante años.

Hay parejas que, independientemente de lo mucho que se aman, reconocen que la pasión está en su punto más bajo. El sexo, aunque no desaparece, disminuye y el aburrimiento comparte cama con ellos. Vamos, que se pone en medio de los dos. Para ellos las cosas cotidianas los alejan de la sexualidad, aunque una simple gimnasia sexual el domingo por la mañana se puede convertir en algo necesario y deseable, especialmente si después se acompaña de un desayuno juntos en la cama.

Del mismo modo, si esa noche del sábado (o del lunes, da igual) se les ocurre mirar desnudos en el sofá ese programa habitual de televisión, se darán cuenta enseguida de la intensa pasión que sigue estando en su interior.

No se olviden tampoco de pasear a la luz de la Luna cogidos de la mano, aunque sea hablando del trabajo o los hijos, pero de vez en cuando busquen una sombra para darse un furtivo beso.

Consejos sencillos:

- **Concentrarse en los sentimientos placenteros y disfrutarse mutuamente.**

La falta de concentración en lo que está pasando puede ser un síntoma sutil del aburrimiento sexual. Cuando no nos concentramos quedamos fuera de la escena y cuando quedamos afuera es fácil aburrirse. El buen sexo requiere poder concentrarse en la situación, mejor a dúo, y traspasar la frontera de sí mismo, pues observarse a uno mismo interfiere con el abandono necesario para disfrutar. Si para concentrarse necesita aislamiento, apague el televisor, aunque hay quien lo consigue mejor poniendo alguna música suave.

- **Evite las diferentes cosas que pueden distraerle**

Los problemas cotidianos, enfados anteriores, sentimiento de culpa, vergüenza, preocupaciones sobre el propio cuerpo, conflictos de poder, resentimiento, etc., déjelos a la entrada del dormitorio, como si se tratara de un monstruo al que no debe dejar pasar. La mejor manera de desprenderse de las distracciones es reconocer que están y dejarlas ir. Imaginemos que esos pensamientos se elevan en una nube que se va por el aire. En ese momento los problemas se aparcan y no nos subimos en ellos. Indudablemente los asuntos problemáticos de su vida no desaparecen tan fácilmente, pero al menos conseguirá disfrutar ese momento.

- **Tocarse y acariciarse más a menudo**

Uno ahora, el otro después; una simple caricia, sin más intención. Considere las caricias como algo necesario para la salud espiritual y física de la persona, del mismo modo que si se tratase de un masaje otorgado por un masajista profesional. ¿Para qué pagar a alguien por hacer algo que usted sabe hacer mejor? Y si no es así, aprenda; que tampoco es tan difícil. Es gratificante proponer un masaje sensual que permita contactar con todas las partes del cuerpo y no dejar pasar la ocasión de acariciar, besar y tocar aunque se esté en situaciones que no permitan un encuentro erótico. No todo tiene que empezar y acabar en la cama, pues el día tiene suficientes momentos para un escarceo amoroso, aunque sea fugaz.

Como primera medida ¿por qué no recrear mentalmente aquellos primeros encuentros apasionados y compararlos con lo que está pasando ahora? Encuentre cuáles son las diferencias y localice qué está faltando.

- **Haga una lista**

Imagine su última relación sexual. Concéntrese en todos los detalles de lo sucedido. Luego haga una lista de tres columnas: en la primera columna haga una relación de las caricias que le gustan y quiere conservar; en la segunda apunte las caricias descartables, y en la tercera una lista de las cosas que faltan y que a usted le gustaría introducir en su vida sexual. Invite a su pareja a hacer lo mismo y luego conversen ambos sobre los resultados. Preste atención a sus propios deseos y a los de su compañero y traten ambos de incluir estos nuevos pedidos en las próximas relaciones.

- **Disfrutar de los placeres de la vida**

Piense en convertir las pequeñas cosas cotidianas en pequeños placeres sensuales. Elija una actividad cada día tratando de convertirla en lo más sensual posible. En lugar de bañarse rápidamente háganlo juntos, aunque no implique necesariamente que se enjabonen uno al otro; basta con compartir la bañera. No se olvide de acudir a un restaurante y jugar con los pies por debajo de la mesa, como cuando aún eran una pareja de jóvenes ansiosos.

- **Cuidar y redescubrir su cuerpo**

Dedíquese un tiempo todas las semanas; ese es su tiempo y aproveche para mirarse al espejo, ver qué cosas necesita hacer para estar más sexy, más cómodo con su cuerpo. Este es un tiempo para buscar un nuevo perfume, una ropa interior renovada y hasta un nuevo pensamiento positivo. Debe empezar a querer de nuevo a su cuerpo, independientemente de la edad que tenga, pues seguramente siempre encontrará que sigue gustando a su pareja habitual, y a muchos más.

- **Ponga su imaginación a trabajar**

Ponga una música suave, cierre los ojos y deje que su mente se llene de imágenes eróticas. Las fantasías sexuales nos ayudan a relajarnos y a disfrutar del placer sexual. Esto lo puede hacer en solitario o mientras su pareja está recorriendo su cuerpo con las manos. En la medida en que experimente con diferentes imágenes va a encontrar que algunas son más excitantes que otras, por escabrosas que le parezcan. Las fantasías pueden tomar diferentes formas: desde muy románticas, hasta muy explícitas. No son peligrosas aunque incluyan amigos muy cercanos o parientes de su pareja; fantasear no significa concretarlas en la realidad. Bueno, hay que reconocer que no todo está permitido moralmente, así que controle sus pensamientos eróticos. Si le avergüenza tener estos pensamientos mejor los elimina, pues hay tantas situaciones imaginarias que no merece la pena concentrarse en algo que le incomode.

- **La felicidad está más cerca de lo que cree**

Abandone sus rutinas y no se preocupes si su hogar necesita un arreglo, pues será muy gratificante quedarse en la cama una mañana del fin de semana disfrutando de la mutua compañía. Si nunca ha visto una película erótica la televisión privada ofrece numerosas oportunidades por las noches, aunque también es sumamente apasionado pasar un fin de semana sin los hijos o dormir alguna noche en un lugar diferente. Para esto último no necesita escaparse lejos a otra ciudad, ya que cualquier hotel servirá igualmente y evitará el cansancio del viaje.

- **Invéntese una historia**

Compartir historias sexuales es una de tantas actividades divertidas que podemos hacer en pareja. Los cuentos pueden ser inventados y disfrazados, propios o ajenos. En principio buscar los más divertidos, aquellos que puedan tener gracia.

Se puede empezar por situaciones infantiles y adolescentes, e ir aumentando la intensidad erótica de la historia a medida en que la pareja participe en ella. Es interesante que sean breves, permitiendo así intercambiar historias y que el otro también nos cuente la suya. Habitualmente las historias suelen incluir adulterios con vecinos o tenderos, ligues con la compañera de trabajo o personas que entran en casa y que seducen a la mujer. Después se pueden realizar historias que abran nuestro subconsciente y preguntar cómo sería una historia de pasión y qué le haría en la cama a un ligue ocasional.

- **Jugar o pelear**

Sin juego el sexo pierde su creatividad y ciertamente se torna aburrido. ¿Qué es jugar? Pues no consiste en hacerse cosquillas, sino en divertirse, contar chistes, imitar situaciones o personajes, ponerse ropas de la pareja, jugar a ser una persona diferente, recrear personajes. Los preferidos por el hombre suelen ser los ginecólogos y los violadores, mientras que para las mujeres hacer el papel de mujer agresiva y golfa suele encajar entre sus preferencias. También hay quien prefiere hacer de profesora o de alumno, de experta en striptease o fullmonti, y hasta de aguerridos peleadores de lucha libre en la cama.

Los juegos fuera del dormitorio pueden incluir también numerosas variantes, entre ellas el póquer erótico, en el cual quien pierde se irá quitando una prenda.

- ### Los afrodisíacos verbales

El lenguaje del amor es una parte importante del juego sexual. Los hombres y las mujeres nos excitamos a menudo con palabras diferentes, pues lo que para unos es estimulante para otros es ridículo. Culturalmente los hombres están acostumbrados a palabras fuertes que a veces resultan incómodas para las mujeres aunque, paradójicamente, cuando la mujer emplea un lenguaje soez en la cama suele agradar a los hombres.

Las expresiones más directas o los nombres vulgares de los genitales y de otras partes del cuerpo suelen emplearse casi inconscientemente cuando el orgasmo está aflorando, pero anteriormente y durante el día, las frases románticas y los piropos hacia la mujer suelen ser un recurso que casi siempre funciona. A la mujer le sobran las palabras, ya que los gestos y las miradas son más estimulantes para el hombre que cualquier comentario.

No se olviden del piropo cotidiano, las frases románticas, y cosas que halaguen. Y cuando estén ya en la cama sepan que los sonidos del amor, susurros, jadeos, y los suspiros, son excitantes para mujeres y hombres.

- ### No olvidemos el romance

Construir un romance es repetir las cosas que hacen los enamorados. Las cosas del amor cotidiano, la notita, los besos, las invitaciones especiales, las miradas, la lengua pasando lentamente por los labios, la comida exótica, y una llamada telefónica ardiente. Mantener el clima del afecto y la seducción a veces da trabajo, pero el resultado es muy gratificante. Coquetear y seducir, avanzar y retroceder, crear escenas y espacios para un nuevo encuentro.

CAPÍTULO 4

La sexualidad se puede vivir con la misma intensidad a los 20 que a los 50, con la misma pareja de toda la vida que con el nuevo amor, en el hogar lo mismo que en un hotel.

ALGUNAS DE LAS PREGUNTAS QUE USTED DESEARÍA HACER SOBRE EL SEXO

¿Qué es el deseo sexual?

Es difícil encontrar una definición universal, pero lo que sí sabemos es que cuando se desencadena la libido todo se transforma en nosotros. Parece ser que el instinto y nuestra composición hormonal son la causa de todo, aunque un deseo fuerte puede ser consecuencia también de un olor, una imagen o un tipo de piel determinada.

Cuando deseamos a una persona el cuerpo parece transformarse en una bola de fuego, nuestros músculos se ponen tensos como el arco, aumentan las pulsaciones y el flujo de sangre hacia los órganos sexuales, dándonos la impresión de que estamos perdiendo el control de nuestros actos. Lo único que queremos es tocar a la persona deseada.

Hay médicos empeñados en decirnos que el secreto está en la hormona testosterona (ya hemos hablado antes de endorfinas y feromonas) y que nuestro instinto se rige por esta hormona, especialmente en el hombre. Pero si esta teoría fuera cierta tendríamos que reaccionar positivamente ante cualquier persona del otro sexo y no solamente hacia una en concreto, aunque hay personas en celo perenne que también echan abajo esta idea. Lo cierto es que a pesar de que nuestro nivel de testosterona esté a rebosar, una mujer nos puede causar indiferencia y otra una pasión intensa.

¿El deseo sexual de la mujer es diferente al del hombre?

Sin lugar a dudas sí, aunque la diferencia está en el modo de vivir y sentir el deseo, no en la intensidad del mismo. Está claro que las mujeres no suelen tener un deseo imperioso de violar a los hombres, ni mucho menos de matarles después de una supuesta violación, como las noticias de sucesos nos recuerdan hemos podido comprobar desgraciadamente en el varón. Sin embargo, en ellas se da con frecuencia el deseo de castración del varón, lo que deja bien claro que la maldad en el aspecto sexual no es privativa de nadie, aunque abunde más en el hombre.

Los hombres y las mujeres no tienen los mismos instintos a la hora de hacer el amor, ni los mismos miedos, ni reaccionan a los mismos estímulos. Un hombre puede desear el suicidio si se considera impotente, pero una mujer frígida ni siquiera se sentirá responsable de su falta de orgasmos.

Aparentemente el deseo en el hombre es más vivo y el de la mujer más sutil, más lento, pero eso es quizá antes del acto sexual, durante el preludio amoroso, ya que una vez comenzadas las primeras caricias la pasión de ambos se mezcla y es imposible saber quién siente con mayor intensidad.

Lo parece cierto es que el deseo sexual del hombre es más estable que el de la mujer. A lo largo de toda su vida e incluso si solamente tiene relaciones sexuales con una mujer, el hombre siempre está dispuesto al juego del amor. La mujer, por el contrario, sufre oscilaciones en su deseo sexual, influenciada preferentemente por el medio que la rodea y la ovulación. Una aventura extramatrimonial, sin embargo, suele ser vivida con más pasión por la mujer que por el hombre. Para este, puede ser una situación más de placer, de conquista o de ego, mientras que para la mujer es la liberación de sus penas o frustraciones.

La mujer reacciona muy bien cuando se siente deseada, mientras que al hombre le influye más la dificultad en lograr llegar a la mujer anhelada; cuanto más difícil, más deseo sexual, aunque una vez finalizado el acto la decepción suele ser mayor. Por este motivo, la mujer busca siempre sentirse deseable y pone cierta resistencia a la conquista inmediata, ya que sabe que las presas fáciles no logran grandes pasiones. Tiene que hacer notar al hombre que para conquistarla tendrá que hacer méritos.

¿El deseo femenino está influenciado por su ciclo hormonal?

Parece ser que sí. Durante los días de la ovulación aumentan las secreciones vaginales que favorecen una mejor lubricación, del mismo modo que también aumenta la producción de la hormona del deseo, la testosterona, así como de los estrógenos que la embellecen y dan una sensibilidad mayor a su piel. Entre las dos modifican el pH vaginal, acondicionan el útero para una mejor fecundación y protegen al óvulo contra factores negativos. Sobre la creencia de que en esos días, que algunos lo identifican con el celo de los animales, la mujer tiene un olor especial que atrae al varón, no hay nada concluyente, mucho menos desde que existen los perfumes y los desodorantes.

¿Por qué puede disminuir el deseo?

Hay bastantes motivos para que disminuya el deseo, incluso hacia una pareja que nos gusta. De entrada, está claro que deseo sexual y placer van unidos y, por tanto, si una persona no siente placer en sus relaciones sexuales es muy posible que pierda el deseo.

También, la creencia de que con las relaciones sexuales se puede alcanzar poco menos que el séptimo cielo, según nos muestran las películas, puede decepcionar a mucha gente si no lo alcanzan. Con mucha más razón, si no nos gusta nuestra pareja sexual nos volveremos inapetentes, más la mujer que el hombre.
La libido es muy caprichosa, impredecible y frágil. El estrés, la depresión, o estar pensando en otra cosa, son motivos suficientes para hacernos perder nuestro impulso sexual. En este sentido, la cabeza domina nuestras emociones corporales y si el inconsciente está frío o en otro lugar, no hay nada que hacer.
Las variaciones hormonales, la menopausia o andropausia, influyen menos de lo que la gente pueda

pensar, e incluso en esas épocas hay un renacer de la sexualidad y el disfrute, aunque nuestros genitales no tengan la calidad de antes. El mejor dominio de la técnica amorosa, el aumento del tiempo disponible para dedicarlo al sexo, y haber desterrado todos los mitos y traumas de la juventud en este tema, hacen que la sexualidad pasados los 40 años pueda ser más placentera que nunca.

Para que exista una respuesta sexual correcta son necesarios básicamente dos factores: un cuerpo sano y una mente dispuesta.

¿Es cierto que no hay mujer frígida, sino hombre inexperto?

Esta frase, pronunciada en un momento de estupidez por el Dr. Gregorio Marañón, deja bien claro que hasta los grandes hombres dicen grandes tonterías de vez en cuando. La causa más generalizada de frigidez, tanto en la mujer como en el hombre, es que no guste la pareja. Dejar la responsabilidad del placer sexual en el hombre es solamente propio de ignorantes o de feministas recalcitrantes.

El coito es asunto de dos y por tanto cada uno debe poner su granito de arena para que el otro disfrute. Lo que suele ocurrir muchas veces es que las mujeres creen que por la sola contemplación de su cuerpo desnudo el hombre ya debe "ponerse a tono". De ser así de sencillo, a la mujer también le debía ocurrir cada vez que ve a su hombre en la ducha.

¿El hombre también puede sufrir frigidez?

Con la misma frecuencia que la mujer y la única diferencia está en que muchas impotencias mal diagnosticadas son solamente eso, falta de deseo sexual.

Por eso muchos hombres casados siguen acudiendo regularmente a hacer el amor con las prostitutas. No es que sean unos viciosos del sexo, sino solamente que tienen que demostrarse a sí mismos que no son impotentes.

¿La intimidad, por exceso o falta, puede constituir un bloqueo del deseo?

En ambos sentidos, sí. Una pareja muy dominante, experta, puede acomplejar y hasta dar temor a su compañero/a de cama, hasta el punto de no desear hacer el amor. En estos casos, si se hace el amor en un sitio solitario y con todo el tiempo del mundo, puede dar lugar a una inhibición total, lo que no ocurrirá si se hace el amor en un lugar peligroso o fugaz, como por ejemplo el campo, el ascensor o el coche.

El caso contrario, una pareja que no tenga la intimidad necesaria, como es el caso de dormir próximos a los hijos o los suegros, verá limitada su espontaneidad a la hora de hacer el amor y se reprimirán tanto que quizá no puedan llegar al orgasmo.

No hay nada que limite tanto a una pareja como no poder hablar, dar gritos o gemir libremente durante el acto sexual.

¿La imaginación puede estimular la libido?

Más que una copa de champán. El erotismo de una película, la pequeña violencia en los abrazos, la simulación de una violación y hasta el uso de prácticas sadomasoquistas, pueden ser alicientes extraordinarios para sentir un deseo imparable de hacer el amor. Lo importante es que ambos se encuentren a gusto con el juego.

¿El dinero es un estimulo para el deseo?

Aunque no siempre, indudablemente supone un aliciente. Hay que tener en cuenta que el atractivo de una persona no está solamente en su cuerpo, sino en su carácter, y éste está influido y moldeado por el medio social en el cual se mueve.

Una persona que sienta atracción por el lujo, los coches o las joyas, se sentirá atraída por la persona que las posea. No obstante, si tenemos en cuenta la cantidad de infidelidades que se dan teniendo como amantes a personas económicamente débiles, nos daremos cuenta que el dinero no es el único factor para seducir, aunque ayuda.

Lo que sí es cierto es que el dinero nos servirá para buscar novedades, lugares nuevos y maravillosos, música ambiental íntima, hoteles con camas y moquetas increíbles, perfumes embriagadores y hasta paseos en góndola por Venecia. Qué duda cabe que un ambiente así de propicio favorece siempre las relaciones sexuales y para lograrlo hace falta dinero.

Nadie sabe porqué reaccionamos con pasión hacia una persona, aunque ésta nos sea hostil y su apariencia poco bella, y con indiferencia hacia otra más bella que se desvive por nosotros.

Algunos consejos:

En cuestión de sexo nadie se puede considerar un experto, y aunque todos parecen serlo, no estará de más que añadan unos pocos consejos a lo anteriormente leído.

• Siempre es mejor hacer el amor con una persona a la que amamos. De ahí a este mítico séptimo cielo solamente hay un paso.

• Si no ama a nadie pero quiere tener relaciones sexuales procure no pagar por ellas; a buen seguro jugarán con sus sentimientos. Si se considera tan feo/a que necesita pagar para poder hacer el amor con alguien, al menos exija que se lo hagan pasar bien.

• Si tiene pareja estable desde hace años no estaría de más que modificase en algo su apariencia física. No le estoy pidiendo que haga una cura de rejuvenecimiento en una clínica de lujo, sino solamente que cuide a partir de ahora su apariencia. Si es varón, pruebe a teñirse las canas, dejarse bigote y usar colonia antes de hacer el amor. Si es mujer, cámbiese de peinado, utilice ropa sexy para dormir y suba un poco el dobladillo de sus vestidos.

- No se olviden, tanto ellos como ellas, de empezar el juego amoroso por el día, y para ello nada mejor que volver a los besos al llegar a casa, decirse piropos de vez en cuando, meterse mano debajo de la mesa cuando están en un restaurante, ducharse juntos y hasta llamarse por teléfono en horas de trabajo para decirse palabras eróticas. Se asombrará del resultado.

- El sexo bien llevado les mantendrá en forma y dará lozanía a la piel. Las mujeres están más guapas después de hacer el amor y los hombres están más dispuestos a la lucha diaria si su pareja les ha prometido una noche de pasión.

- No trate de aprender nuevas posturas para hacer el amor; el secreto no está ahí. Lo mejor siempre es el preludio y éste debe comenzar durante el día.

- No se avergüence de su cuerpo ya algo envejecido ni menosprecie el de su compañero/a. Los piropos son norma obligada para quitar complejos.

- Si es usted hombre y tiene algunas dificultades para mantener el tono, no se preocupe, hay otras formas de disfrutar del sexo.

- Si es mujer y no consigue llegar al orgasmo como antes, pídale que le dé un buen masaje. Verá lo que es disfrutar de una noche de amor. Pero que empiece por los pies y no pare hasta llegar a la cabeza.

CAPÍTULO 5

ASUNTOS DE MUJERES

Sentir que el cuerpo de su pareja vibra de placer ante sus caricias puede resultar más estimulante incluso que recibirlas.

La capacidad orgásmica de la mujer es contradictoria, en ocasiones incapaz de tener un orgasmo durante toda su vida, incluso cambiando de pareja, o sintiendo varios seguidos durante una noche. Pueden pasar del nada al todo con facilidad, o inhibirse sin problemas a raíz de un desengaño amoroso. Ello nos lleva a recapacitar sobre cómo el psiquismo influye en ellas mucho más que en ellos.

Los varones suelen poner todas sus habilidades en juego para que ellas lo pasen bien, valorando los resultados por el número de gritos y gemidos que manifiestan, lo que ha llevado con demasiada frecuencia al fingimiento por parte de ellas. Con el tiempo no hay posibilidad de equívoco, pero hay que reconocer que durante los primeros encuentros es fácil engañar sobre los resultados.

La creencia de que ellas pueden tener varios orgasmos en una misma noche ha llevado a no pocos varones a la insistencia para conseguir otro, y otro, y si es posible otro más. Parece que el éxito de la relación sexual está en el número y no en la calidad. De todos modos, hay que reconocer que algunas mujeres no tienen ni un solo orgasmo durante sus encuentros sexuales, mientras que otras tienen uno cada muchos encuentros y que a pesar de ello se sienten satisfechas y hasta afortunadas, llegando a amar intensamente a su pareja a pesar de la ausencia de sensaciones orgásmicas.

¿Es esto un problema para la relación de pareja? De ningún modo, si al menos se sienten satisfechas con los abrazos y las caricias, con los besos y la insinuación. Así que la tarea de los varones es averiguar qué necesita su pareja realmente, y para ello hay dos requisitos: hablar y observar. Aquí no hay técnicas secretas, ni modos infalibles, como esas conclusiones que dicen que la mujer siente por el clítoris y no por la vagina, o que hay que estimular el punto G o besar detrás de las orejas. Cada mujer es un mundo -mejor una isla- que hay que explorar lentamente, sin tener a mano el manual del buen amante.

Indudablemente el físico es casi igual en todas las mujeres, aunque varía sensiblemente su parte anímica, tal y como comprobaron los sexólogos Masters y Johnson, quienes fueron los primeros que "alertaron" sobre la capacidad multiorgásmica de las mujeres. El fallo es que dieron demasiada importancia a las fantasías sexuales ocultas y al empleo de aparatos externos, como es el caso de los vibradores, olvidando que la mente es más importante que el cuerpo, aunque sea el cuerpo quien realmente lo pasa bien.

A veces cometemos el error de creer que el secreto está en las posiciones, como si se tratara de una rutina gimnástica: posición 5, variante A, etc. Eso está bien cuando se quieren probar posiciones al principio de la relación, pero después hay que recobrar la espontaneidad, sin hacer planes ni tener el Kamasutra encima de la cama. Cuando el acto sexual se convierte en un acto puramente corporal los resultados pueden ser intensos físicamente, pero sumamente decepcionantes después. Aunque se piensa que para la mujer son más importantes los sentimientos, para el varón es igual, alcanzando ambos mayor satisfacción cuando se unifican cuerpo y alma. La persecución de un placer exclusivamente carnal afecta no sólo a la sexualidad, sino a las emociones, conllevando a una relación neurótica, depresiva e irascible.

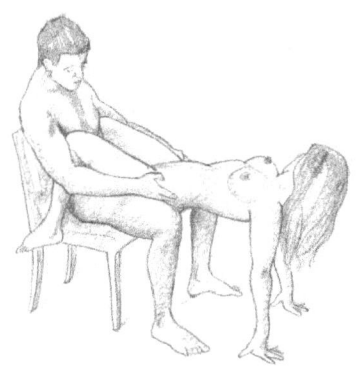

Cuando en ellas hay dudas

Es frecuente que en una mujer existan sentimientos contradictorios de dudas sobre sus apetencias sexuales, con etapas de absoluta frigidez a otras más desenfrenadas, pero con impulsos seriamente contenidos. Llegado a esta situación, las dudas aparecen y es posible plantearse las siguientes alternativas:

1- Volverse lesbianas, con el argumento de que otra mujer conoce mejor que un hombre su funcionamiento sexual; (muchas lo hacen, aunque parezca extraño). La consecuencia negativa de esto es que terminan con una nueva y aturdidora situación, luchando por evitar el impulso natural hacia los varones, mientras que les agrada la ternura de su propio sexo. En ese momento confunden inclinación sexual con sentimientos afectivos.

2- Renunciar a los hombres, a los que consideran en general muy torpes, optando por el placer solitario de la masturbación. La consecuencia negativa de esto es que se vuelven antisociales, egoístas, y se privan de la oportunidad de amar y ser amadas.

3- Explorar su propia sexualidad y buscar al hombre adecuado que la satisfaga plenamente y a quien poder satisfacer, pues con el tiempo se dará cuenta que en la relación de pareja es más importante hacer feliz que exigir que te hagan.

Si en un arrebato de sabiduría elige la tercera opción, podrá cambiar el concepto que tiene de su propia sexualidad, pues ella misma se ha convencido, por sus malas experiencias, de que no es frígida. Desde luego que esta opción es la más gratificante, ya que permite que entre en su vida un hombre nuevo a quien deberá cuidar y amar para recibir los mismos sentimientos.

Mientras los varones parecen haber encontrado en la Viagra o el Ginkgo Biloba la solución de las disfunciones eréctiles, no parece que las mujeres vayan a resolver sus frecuentes problemas sexuales con una píldora. No obstante, los investigadores siguen tratando, con metodologías científicas, de conocer a fondo la sexualidad femenina. Un ejemplo de ello es Irwin Goldstein, el padre de la Viagra, profesor de Urología de la Universidad de Boston (EEUU), el hombre que más ha contribuido a definir los modernos conceptos sobre la disfunción eréctil. En la actualidad ya no le preocupa la impotencia, al menos la que tiene que ver con los varones. A Goldstein lo que científicamente le motiva hoy en día son las disfunciones sexuales femeninas.

¿Qué es el punto G?

En 1980, dos investigadores del sexo efectuaron una conferencia en la Sociedad para el Estudio Científico del Sexo (SSSS) en Dallas y explicaron algo que apenas encontró credibilidad entre los asistentes:
Los Drs. Beverly Whipple y John Perry dijeron que hay un punto (lugar) dentro de la vagina que es sumamente sensible a la presión profunda. Se percibe a través de la pared anterior o delantera de la vagina aproximadamente cinco centímetros de la entrada. Denominado como punto G o punto Grafenberg, puede servir para llevar a las mujeres al orgasmo mediante estímulos adecuados. Luego matizaron que es probable que cada mujer tenga un punto G, pues habían encontrado un sitio diferente en cada una de las mujeres

que examinaron. Sería algo así como el homólogo a la próstata masculina, ya que en el momento del orgasmo muchas mujeres eyaculan un líquido a través de la uretra que es químicamente similar a la eyaculación del varón pero no contiene esperma. Muchas personas creen que se están orinando, y las mujeres se avergüenzan de esto al eyacular. Sus compañeros pueden pensar que ha tenido lugar una micción, y es una razón por la cual muchas mujeres han aprendido a suprimir el orgasmo, empequeñeciéndolo voluntariamente. Aunque hemos tardado mucho en aclarar las dudas, lo cierto es que ellas también eyaculan por la uretra.

Para muchas mujeres es difícil estimular el punto G en la posición del misionero, siendo mejor la postura en la cual la mujer se sienta a horcajadas sobre el varón o se realiza la penetración en posición trasera.

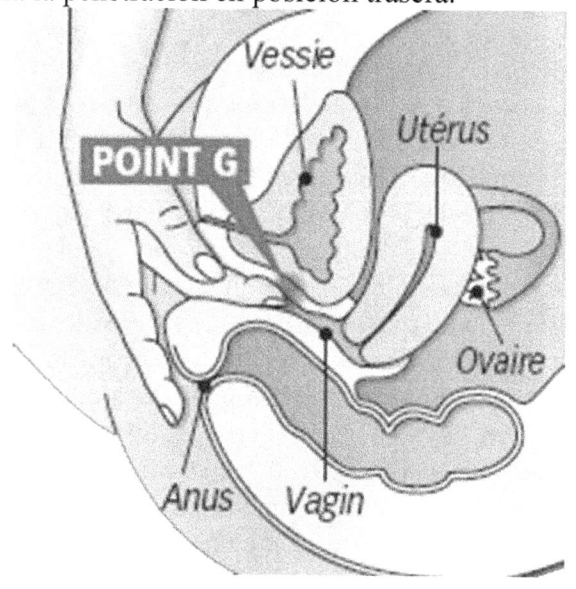

A vueltas con Masters y Johnson

Según Masters y Johnson hay tres tipos principales de orgasmo en las mujeres:

1- El orgasmo vulvar activado por el clítoris
2- El orgasmo uterino activado por la comunicación y el roce corporal
3- Y una combinación de los dos.

Anteriormente a estos investigadores, las relaciones sexuales estaban influidas por los comentarios de los médicos, pues ellos creían saber tanto de anatomía como del comportamiento humano. Hasta tal punto fue así, que cuando había desavenencias conyugales se consultaba al médico sobre lo que se consideraba como "normal" y "anormal", dejando en sus manos el futuro de la relación sentimental. Afortunadamente un día llegaron Masters y Jonson, quienes al menos investigaron sobre sexualidad preguntando a la gente, aunque nadie está seguro de que los resultados de las encuestas que realizaron sean fidedignos.
De cualquier modo, el matrimonio compuesto por William Masters y Ms Johnson alcanzó gran prestigio y sus conclusiones fueron asumidas entonces, más que nada porque habían asegurado que habían experimentado con un gran número de voluntarios en su laboratorio del sexo, donde les controlaban la respiración, los latidos del corazón, y otras funciones corporales durante el contacto y la masturbación. Después de observar los experimentos que filmaron y analizadas las respuestas, declararon que el llamado

orgasmo vaginal era un mito. Desde entonces una legión de psicólogos crédulos dijeron que era cierto y una nueva revolución científica se desencadenó. Lo que realmente fue un milagro que alguien alcanzara el orgasmo siendo observado tan minuciosamente en un laboratorio.

Desde ese momento los hombres debían poner todo su interés en estimular el clítoris hasta la irritación, olvidándose del resto del aparato genital femenino. Una nueva estupidez había sustituido a la ignorancia anterior. Nadie había asistido como observador a estos experimentos, ni sabemos cómo lograron medir la lubricación vaginal en pleno orgasmo, pero el mundo entero se rindió a sus pies y desde entonces el clítoris pasó a ser considerado miembro de honor.

Luego vinieron los detractores y en una conferencia efectuada en 1980 por el ginecólogo Martin Weisberg del Thomas Jefferson University en el Hospital en Filadelfia, se dijo que esos informes eran mera especulación. En un alarde de ignorancia y suficiencia mezcladas, este nuevo investigador llegó a afirmar que las mujeres no eyaculan puesto que no tienen próstata.

Otros más audaces fueron Perry y Whipple, al disponer de una mujer voluntaria que debía ser estimulada mediante la mano de su compañero para que averiguar la presencia del dichoso punto G. Según ellos... *"La vulva y la vagina eran normales sin masas extrañas o puntos. La uretra era normal. Todo era normal. Ella tenía a su compañero estimulándola mediante la inserción de dos dedos en la vagina y acariciándola a lo largo de la uretra. Para mi asombro el área se empezó a inflar, se hizo oval, con uno o dos centímetros de tamaño, diferente del resto de la vagina. En un momento los movimientos fueron similares a cuando se está empezando a defecar, y después expulsó un fluido lácteo por la uretra. El material no era ningún tipo de orina y de hecho, si el análisis químico fue correcto, su composición es parecida al fluido prostático."*

Después de verificar con algunos de sus propios pacientes, Weisberg se convenció finalmente que las mujeres pueden y realmente eyaculan. El pobre hombre necesitó ciertamente muchas pruebas para confirmar algo que sabe la Humanidad desde hace milenios. Quizá es que no había tenido muchas relaciones sexuales con mujeres.

No hay ninguna duda tampoco que el punto G está presente en la mayoría, sino en todas, las mujeres, aunque se necesita un estímulo apropiado para que pueda ser "activado". Ni siquiera una mujer por sí misma puede ser consciente de su presencia y de la sensibilidad que se desarrolla con el tiempo si es estimulado adecuadamente durante el contacto sexual.

El punto G está compuesto de tejido eréctil, y reaccionará del mismo modo que el pene llenándose de sangre si se le estimula sexualmente. El estímulo digital y la masturbación mediante un vibrador, son los dos medios más adecuados.

Orgasmos múltiples

La mayoría de las mujeres que han experimentado los dos sistemas básicos de placer, vaginal o punto G, alegan que es más fácil tener orgasmos múltiples con el punto G, incluso que con el clítoris.

101

No obstante, insisten que es más importante el juego, las palabras susurrantes y el aumento progresivo en la intensidad de las caricias, que la culminación mediante el orgasmo. Indudablemente lo importante es que ambos se sientan bien con lo que hacen, más que buscar afanosamente un punto determinado.

Es posible que exista también un "efecto pirámide" con los orgasmos múltiples mediante el punto G, cada uno haciendo que el próximo sea aún mejor, logrando que el conjunto de la relación sea superior. Sin embargo, cuando ya se ha dicho, cada persona es diferente, y la calidad es evidentemente más importante que la cantidad.

Algunas mujeres que han sido estimuladas mediante el punto G dicen que tardaron varias semanas o meses en comenzar a experimentar orgasmos así, posiblemente porque sea una zona que haya que despertar. También es verdad que puede relacionarse la intensidad de los orgasmos del punto G directamente con el tono del músculo PC (pubococcygeal), otro incentivo importante en la relación sexual. Explicaremos que este músculo de nombre impronunciable, en realidad es un conjunto de músculos pélvicos que van desde el hueso púbico hasta el final de la columna vertebral. Su función es controlar la expulsión de la orina conjuntamente con otros músculos pélvicos, lograr la expulsión del semen, ayudando a hombres y mujeres a alcanzar el clímax.

Si alguna quiere probar a incluir su punto G al masturbarse, existe una gran combinación de juguetes vibradores, incluso algunos que se calientan previamente, además de las tradicionales varas de plástico o metacrilato, algunas diseñados para acceder sin problemas al punto G. De todas maneras, le recomendaríamos, sea en solitario o en pareja, que no se obsesionaran en conseguir orgasmos múltiples, y ni siquiera un orgasmo, pues la relación sexual es mucho más que la persecución del orgasmo.

Periodo refractario en las mujeres

Una diferencia importante entre los varones y las hembras es la presencia de ese periodo refractario durante el cual un varón no puede estimularse de nuevo para llegar al orgasmo. Esto puede durar varios minutos o muchas horas, pero en las mujeres no hay un verdadero periodo refractario, salvo aquél que implica su agotamiento físico. Ellas son capaces de lograr orgasmos múltiples con un estímulo adecuado, aunque también agradecen un tiempo de reposo para recargar sus pilas.

Físicamente, desde un periodo de diez minutos hasta una hora, el hombre es incapaz de lograr otra erección y aunque la consiga posiblemente no llegue a eyacular.

Masters y Johnson, quienes dicen haberse documentado en más de 100.000 orgasmos durante su estudio de una década con centenares de voluntarios humanos, establecieron lo que llamaron *El ciclo de la respuesta humana sexual*, mencionando por vez primera el término "Periodo refractario masculino." Este estudio, al menos, consiguió proporcionar evidencias científicas de que tras un orgasmo existe una relación entre el volumen de la eyaculación y el periodo refractario. En la medida en que sea menor el líquido expulsado, así se acortará el periodo refractario.

Podemos definir igualmente como período refractario, aquel que se prolonga durante días o semanas en un varón, aunque la mayoría de las veces esta disfunción se debe a la carencia de una pareja adecuada. La mayoría de los hombres aparentemente desinteresados por el sexo o con problemas de erección, la recuperan cuando cambian de pareja, de lugar o están de vacaciones.

Frigidez en la mujer

He aquí algunas de las causas no imputables a la pareja:

La *hostilidad* hacia nuestra pareja o en general hacia el otro sexo. Esta hostilidad suele ser manifiesta o permanecer escondida en el inconsciente, sin que ambos la perciban.

Una pareja que no nos trate como necesitamos, con mucha más razón en la cama, es obvio que nos producirá un rechazo imposible de superar, de la misma manera que las vivencias nefastas en las relaciones con el otro sexo (no necesariamente en materia sexual), nos provocarán una aversión y hostilidad intensas. La hostilidad hacia el otro sexo se manifiesta con demasiada frecuencia en mujeres con un feminismo mal entendido, las cuales consideran que la culpa de su propia frustración la tienen los varones en general y declaran una guerra abierta a los hombres.

El *miedo* al sexo, a los genitales o al desnudo (propio o del otro), suelen ser muy habituales en jóvenes o personas con ninguna experiencia sexual y para corregirlo basta encontrar una pareja adecuada. No hay manera más efectiva de perder complejos y temores en asuntos de cama que tener a nuestro lado una persona amable y comprensiva. Sin embargo, son frecuentes los episodios de miedo en personas que no están satisfechas con su físico, bien sea por deformidades reales o un sentido de la belleza equivocado, para los cuales el acto sexual es un examen que no desearían pasar porque temen suspender.

Así, mientras que los hombres tienen una obsesión generalizada por su pene, especialmente en cuanto al tamaño, las mujeres son muy sensibles a la belleza pura. La obesidad, la celulitis y los pechos pequeños o mal formados, son sus mayores miedos.

También existe miedo a tocar los genitales de la pareja, a la pérdida del control que necesariamente van a tener durante el orgasmo, a necesitar tener relaciones frecuentes y que su pareja lo perciba, y por supuesto al embarazo, verdadera fuente generadora de problemas de pareja.

La *culpabilidad* aparece no solamente cuando alguien ha realizado un acto reprobable (infidelidad) hacia su pareja, sino incluso si uno de los dos es más feliz, más sano o más triunfador que el otro. También es frecuente este sentimiento cuando nos autoanalizamos y nos consideramos causa de las depresiones o ansiedades del otro o recordamos la última discordia entre ambos.

La *ansiedad* se manifiesta cuando tenemos que realizar una postura o modo sexual que no nos agrada, como pueden ser la duración excesiva o corta del acto sexual, el sexo bucal o ciertas posiciones o tocamientos que no corresponden a nuestras apetencias. También aparece cuando nos damos cuenta del inevitable proceso de envejecimiento por el cual ya no podemos hacer el acto sexual como antes, ni nuestro cuerpo goza de la belleza y fortaleza que tenía.

En todos estos casos la sola idea de tener que realizar el coito nos supone un estado de ansiedad grande, el cual preferiríamos evitar. El miedo al fracaso, no solamente en el hombre, sino también en la mujer que no logra excitar a su pareja o no consigue tener el orgasmo, el deseo desmedido de tratar de agradar a su pareja olvidándose de uno mismo, o la exigencia del otro para hablar de temas sexuales tan íntimos que desearíamos no mencionar, nos llevan a una falta de comunicación y a evitar la relación sexual.

La *ignorancia* en materia sexual y mucho más importante la mala información, llevan a muchas personas a odiar el sexo y contribuir a que el otro lo odie. El dejarse influir por los actos amorosos que reflejan en el cine, en el cual todo es una intensa pasión y felicidad, lo mismo que escuchar a personas que manifiestan su total falta de interés por el sexo, nos llevan a una situación muy alejada de la realidad.

Por supuesto en esta ignorancia están las creencias religiosas que repudian el sexo como un modo de felicidad, los comentarios de las madres sobre la voracidad desagradable de los hombres, el tamaño erróneo de los órganos genitales, el supuesto modo correcto de hacer el amor, y hasta lo que presuntamente podemos esperar de una relación sexual satisfactoria.

Hay quien piensa que la primera relación es la auténtica, la verdadera y la única digna de recordar, del mismo modo que hay quienes tienen una fijación absoluta en un amor que se perdió.

También hay quienes basan su vida afectiva en los refranes o en las modas, o elaboran su propio criterio con las experiencias de sus amigos o padres.

Trastornos del deseo sexual

El *deseo hipoactivo*: Es la deficiencia persistente o recurrente (o la ausencia, incluso) de fantasías sexuales o del deseo de actividad sexual. Condición añadida a este problema, como a otros muchos, es que la falta de deseo preocupe seriamente a la persona, pues de no ser así, como en el caso de las religiosas, no hay motivo de preocupación.

Aversión sexual: La fobia persistente o recurrente que conlleva evitar todo contacto sexual con un compañero. Puede centrarse exclusivamente en el compañero actual o en todos los varones, aunque con frecuencia es solamente un mecanismo de defensa moral o psíquica.

Trastornos que afectan a la excitación femenina

Falta de lubricación: es un problema de difícil solución que consiste en la incapacidad permanente o recurrente para conseguir o mantener la lubricación genital, lo que ocasiona dificultad para la penetración e incluso para prolongar los movimientos típicos del coito. Las causas pueden ser diversas, desde miedo al embarazo, intranquilidad a ser descubiertos, rechazo a la pareja, enfermedades o ciertos medicamentos. La edad avanzada y el uso de ciertas cremas con corticoides, pueden ocasionar este mal.
Dosis continuadas de vitaminas A y E, así como aceite de Onagra aplicado localmente, suelen mejorar este problema.

Dolores

Dispareunia: el dolor genital provocado por la penetración suele darse durante los primeros contactos, por exceso y abuso en las frecuencias, o por infecciones locales. El uso frecuente de lavados vaginales, especialmente con jabones, puede causar este mal.

Vaginismo: espasmo involuntario de la musculatura del tercio externo de la vagina que interfiere con la penetración. Es un dolor genital que no está relacionado con la penetración sino con otro tipo de estímulos sexuales. Un baño caliente o hacer al amor a medianoche, en medio del sueño, suelen ser un buen remedio.

Es el terror de toda pareja, pues hace aborrecer con frecuencia el coito. Durante esta enfermedad y aunque aparentemente todo está correcto, en el momento de intentarse la penetración se produce la contracción, prácticamente de golpe, del canal vaginal, lo que ocasiona una molestia que provoca sensaciones dolorosas o cuando menos desagradables, ocasionando con el tiempo cierta fobia.

Dilatación vaginal excesiva

Contrariamente al vaginismo, en donde el canal vaginal se cierra y casi impide la penetración, en la dilatación vaginal ocurre lo contrario.

Esta anomalía es frecuente después de uno o varios partos, ocasionando que los músculos se encuentren fláccidos, menos fuertes para abrazar al pene. Esto ocasiona una frotación insuficiente que produciría una falta de estimulación en el varón y consecuentemente en la mujer. Llegado el caso, se puede pensar incorrectamente que es el tamaño del pene, por defecto, lo que ocasiona la falta de roce. Aunque simplemente cerrando las piernas se abraza ya suficientemente y se aumenta sensiblemente la frotación, la penetración es menor.

Una forma de corregir este problema sumamente común, es ejercitar de nuevo los músculos vaginales mediante la técnica Kegel, la cual consiste simplemente en realizar contracciones vaginales durante el día, como si fuera un músculo más que se puede volver a tonificar. Estas contracciones hay que realizarlas 40 veces por la mañana, tarde y noche, aumentando hasta cien contracciones 3 veces por día. Es simple, y se puede hacer de forma secreta incluso en presencia de personas, mirando la TV o viajando. En casos extremos hay quien recurre a la cirugía, la cual consiste en cortar la pared de la vagina y suturarla en un diámetro menor.

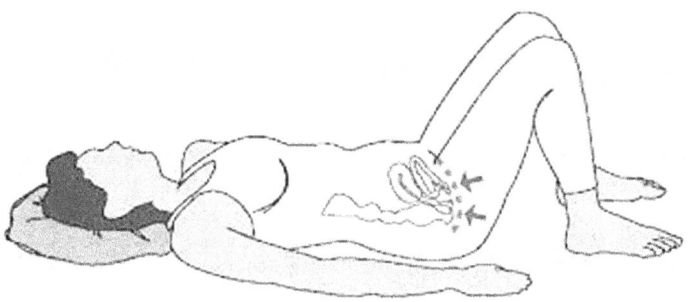

Remedios para la frigidez

La idea central de este procedimiento curativo es que la mujer se vea aliviada de la presión para acusar sensaciones placenteras, eliminando así cualquier sentimiento de ansiedad, buscando simplemente experimentar el placer erótico sin impedimento alguno.

110

Si ese día no lo consigue pero al menos ha disfrutado, seguro que al día siguiente todo irá mejor.

Es importante que la pareja le haga saber a la mujer que se somete al tratamiento que estas sesiones no representan para él algo aburrido ni frustrante, sino que goza haciéndola feliz, y que no la rechaza por el hecho de no terminar en un coito tradicional.

He aquí el procedimiento:

1. – Estimulación diferida
Se recomienda que sea ella quien acaricie primero a su pareja para contrarrestar con ello la sensación de culpabilidad por recibir algo para sí misma, así como el temor de ser rechazada en consecuencia. Mientras se concentra en las caricias, sin que sus propios pensamientos y sentimientos intervengan, se libera de sus propias sensaciones y de la necesidad de tener un orgasmo. La mujer así liberada se convertirse en una pareja extraordinaria, comenzando poco a poco a tener sensaciones propias placenteras y eróticas. Lo primordial en esta etapa es que ambos pospongan toda satisfacción orgásmica.

2. - Estimulación directa
La segunda etapa consiste en la estimulación genital, a la cual se llegará solamente cuando la mujer manifieste que existen nuevas sensaciones eróticas y sensuales. Las caricias deberán ser suaves y ligeras, procurando que no se transforme en una estimulación intensa encaminada hacia el orgasmo. Si estos ejercicios resultan muy estimulantes para la pareja, se recomienda que ella le provoque el orgasmo por estimulación

manual u oral, pero sólo después de haber disfrutado del juego de caricias.

3.- Realizar el coito

El final del tratamiento incluye, por supuesto, la realización del coito, pero no como una prueba, sino como una necesidad afectiva y física, con un juego sexual previo de duración ilimitada. No se buscará el orgasmo a toda costa, el cual vendrá si las condiciones anteriores han sido favorables. Además, la conveniencia o no de realizarlo la marcará la mujer, no su pareja. Normalmente las sensaciones placenteras del coito vaginal se ven aumentadas cuando es ella quien controla la situación.

Errores que debe evitar la mujer

El error más grave que puede cometer una mujer es herir los sentimientos del hombre humillándolo, burlándose de él, cuando tenga problemas de erección o eyacule prematuramente. Ni que decir que compararle despectivamente con anteriores amantes, sea por su habilidad o tamaño viril, conducirá con seguridad al fracaso de la relación, y eso en una pareja casada es casi irreversible. En la mente del hombre quedará para siempre ese desprecio, por lo que hay que tener cuidado lo que se dice en momentos de enfado o euforia sexual. Cuando la mente queda confusa y aturdida por la excitación es frecuente que se digan cosas que en circunstancias más controladas nunca diríamos, pero que de cualquier modo estaban grabadas en nuestro subconsciente.

A todo varón le gusta aparentar que es muy fuerte o al menos más que nuestra pareja femenina, pero en el fondo somos sensibles y vulnerables, sobre todo cuando amamos a una mujer. Si fallamos alguna vez en la cama el mundo parece derrumbarse a nuestro alrededor, pero la mayoría de las veces es una circunstancia pasajera, quizá un desfallecimiento para recargar las pilas y volver a estar en plena forma.

Hay que insistir en que hacer el amor debe ser divertido, excitante, compartiendo lo mejor de cada uno, tratando de generar confianza y relajamiento. Puesto que no existen normas ni respuestas de obligado cumplimiento, debemos evitar que alguien se preocupe por haber perdido el deseo durante unos días o semanas. El hombre también está sujeto a momentos en su vida de poca apetencia sexual, pero eso no indica que el amor hacia su pareja haya disminuido, sino solamente que el cuerpo está cambiando su forma de sentir, quizá de forma pasajera o definitiva. Acoplarse a estos cambios es algo que deberemos hacer durante toda la vida, del mismo modo que nos adaptamos a los nuevos trabajos, al envejecimiento o a los cambios en nuestra economía.

Un error es aprovechar el coito para hablar de problemas de dinero o para hacer reproches. También hay quien aprovecha para realizar peticiones que nunca serían atendidas en otros momentos menos íntimos. En esos instantes, con los sentidos excitados, se prometen cosas que luego serán reconsideradas y apartadas, lo que dará lugar a nuevos enfrentamientos. Hacer al amor es algo físico esencialmente, aunque también psicológico, por lo que debemos hacerlo sin condicionamientos ni para sacar provecho.

Es frecuente que las mujeres ofrezcan sexo a cambio de un buen comportamiento del varón, como un premio, pero también es frecuente que supriman las relaciones sexuales como un castigo. Las relaciones sexuales deberían considerarse siempre como un bien para ambos, y ni se arregla una pareja malavenida haciendo el amor todos los días, ni se puede solucionar un conflicto de pareja sin hacer el amor. Esta paradoja solamente se da en la sexualidad.

No hay que romper la intimidad y la magia que ambos han generado con su pasión efectuando reproches o peticiones. Hay que dejar los asuntos domésticos para otro momento, y mejor hablar de cuánto se ha gozado, de lo mucho que te gusta su cuerpo y su forma de hacer el amor.

Aversión al sexo

Puesto que la ausencia voluntaria de relaciones sexuales puede ser una fuente de conflictos psicológicos (salvo por razones físicas o religiosas), es importante que la mujer realice un tratamiento que anule estas fobias.

Una terapia recomendada consiste en el *flooding*, la cual consiste en que la mujer visualice la situación mas temida, por ejemplo, que es asesinada por un varón o que es obligada a hacer el amor con una persona muy desagradable. De lo que se trata es que una vez que pueda tolerar estas temidas fantasías estará en condiciones de soportar una realidad bastante más placentera.

Si la aversión ha sido motivada por una vagina tan estrecha o corta que apenas si puede albergar un pene de tamaño medio sin dolor (no confundir con un himen duro y sin dilatar), se puede empezar realizando una dilatación simplemente empleando un dedo. Después de algunas sesiones se introducen dos o cualquier utensilio que simule un pene, lo que nos lleva a pensar en zanahorias, plátanos o similares. Con ellos se simulan los movimientos del coito hasta que el dolor desaparezca y se pueda intentar con el pene de la pareja.

Muchas mujeres y esto hay que alertarlo, se han clasificado como lesbianas simplemente por padecer horror a la penetración, lo que las lleva a buscar sensaciones sexuales con una mujer. Indudablemente, y salvo que se empleen utensilios adicionales, la ausencia de penetración también puede llevar a intensas sensaciones orgásmicas, pero la mujer involucrada puede haber confundido sus inclinaciones reales. Le gustan los varones, pero encuentra dificultad en hacer el amor con ellos. Eso no es ser lesbiana.

CAPÍTULO 6

ASUNTOS DE HOMBRES

La importancia del tamaño del pene

El pene, ese órgano con propiedades increíbles (puede aumentar varias veces su tamaño y endurecerse como un potente músculo), tiene como parte final el glande, en cuyo extremo está el meato urinario, estando envuelto por el prepucio, una piel que está limitada en su movimiento por el frenillo.

Para lograr entrar en erección dispone del cuerpo esponjoso y los cuerpos cavernosos, algo así como una escopeta de dos cañones dispuesta a ser cargada. La munición es bien simple: la sangre que debe llenar las numerosas y pequeñas cavidades, mientras que el gatillo dependerá de nuestra compañera y la imaginación que le echemos.

En el adulto, el pene promedio, en estado de flaccidez, tiene una extensión en longitud que oscila entre los 4 cm y los 10 cm. Algo más de 2 cm de diámetro y alrededor de 7 cm de circunferencia. No obstante, el tamaño es variable de hombre en hombre y de situación en situación.

En estado de erección, el pene promedio mide de 10 a 16 cm de longitud (desde los testículos –no del pubis– hasta el final), con un diámetro de 3 a 4 cm y alrededor de 10 a 11 cm de circunferencia.

Para efectuar las medidas hay que buscar un ambiente relajado y templado, ya que los tejidos genitales tienden a encogerse con el frío, y a dilatarse con el calor.

La obsesiva preocupación por el tamaño lleva a los hombres jóvenes a consultar a especialistas en endocrinología o urología y abandonar prácticas deportivas, por el temor a ser vistos y comparados en los vestuarios. Ignoran, la mayoría de las veces, que en esos ambientes de temperaturas frías hay una disminución significativa del tamaño. Además, los genitales son sensibles a la exposición frente a los demás, a la mirada de otros, por eso no es extraño que en privado todo el mundo tenga un mayor tamaño que en público.

Hay muy poca relación entre el tamaño del pene y la musculatura o el atractivo físico, así como en la capacidad de proporcionar placer a una compañera.

Los jóvenes, por su inexperiencia, dan más importancia al tamaño de los pechos de la mujer que a su capacidad de participar en el coito, lo mismo que ellas consideran que un atractivo chico tiene que ser, por fuerza, un potente semental. Luego aprenden que el pene no se mide en estado flácido, sino erecto, y que lo más importante es mantenerlo firme durante el tiempo requerido, pongamos un mínimo de diez minutos.

No se crea esas tonterías que hablan sobre el tamaño de los genitales de los negros o los orientales, ni confunda a un hombre muy viril y agresivo con alguien igualmente potente a nivel genital. Por supuesto, tampoco existe relación entre el tamaño del pene y el tamaño del cuerpo, o determinadas zonas de él, como son las manos o los pies.

Otros mitos insostenibles

La creencia de que un pene grande proporciona mayor satisfacción sexual en la mujer, se encuentra tan extendida como aquella que asocia una mujer de culo o pechos grandes con su eficacia sexual. Estos mitos que aún perduran son los responsables de muchas disminuciones en la autoestima de la gente joven, inhibiciones sociales importantes, angustias y preocupaciones que se extienden por años. Pero es difícil convencer a un joven que las mujeres no se fijan en el tamaño o aspecto de los genitales, cuando ellas mismas miran obsesionadas el "paquete" de los hombres.

Afortunadamente, y una vez en la cama, ellas valoran mucho más el modo, las diferentes maneras de acercarse, de ser acariciadas, de ser atendidas, que el tamaño del pene que las está penetrando.

Aunque visualmente un gran tamaño puede servir para encender los motores (igual que ocurre con un cuerpo de mujer atractivo), la satisfacción y el orgasmo de una mujer no están relacionados con el tamaño o forma peneana, porque solo el tercio externo de la vagina posee una sensibilidad importante.

Tampoco es cierto que toda la sensibilidad femenina tenga que ver con el clítoris, ese órgano pequeño que asoma su punta en la parte superior de la entrada de la vagina, que se extiende por dentro de los labios de la vulva, ya dentro de la vagina, asomándose y aumentando de volumen cuando se encuentra lleno de sangre, llegando hasta el techo del conducto vaginal durante la cumbre de la excitación. Esa es la parte principal que roza el pene cuando es introducido y por eso debemos considerar que la naturaleza es sabia y, como ya he dicho, independientemente del tamaño o grosor del pene, el roce se realiza en la primera parte de la vagina, produciendo la excitación sexual y el orgasmo femenino sin necesidad de penetraciones profundas.

Guerra a los slips

El tamaño peneano está determinado por la herencia y son muy escasos los hombres que presentan detención en su desarrollo viril por un fallo hormonal. Una causa poco conocida que limita las dimensiones del pene en la edad adulta es el uso habitual del slip, prenda que eleva y comprime los testículos y evita el desarrollo final del pene. Los genitales masculinos necesitan estar libres, colgantes, dotados así de la necesaria movilidad para desarrollarse y ser fértiles. Por ello alertamos sobre el uso continuado de pantalones estrechos o ropa interior pequeña y ajustada, ya que estas prendas limitan la movilidad testicular.

¿Cuándo nacen los complejos?

Los hombres comienzan a preocuparse por el tamaño de su pene desde la pubertad, cuando hablar del tamaño de los "cojones" es algo habitual en quien pretende intimidar al contrario.

El volumen de los testículos se emplea siempre para demostrar la valentía y la fortaleza, y aunque las comparaciones reales casi nunca se efectúan, el gallo que más cacarea goza de gran prestigio. El chico humillado crece así pensando que los genitales de sus compañeros son enormes, pues ellos insisten que lo son, y que los suyos son un esbozo que nadie debe ver. Cuando llegados a edades más altas ven alguna película erótica en la cual los actores muestran unos genitales mayores que los suyos, el complejo queda instaurado definitivamente. Y es que nadie le ha dicho dos cosas: una, que los actores de esas películas están allí precisamente por que sus medidas están por encima de la media; y dos, que habitualmente hay truco en las escenas. Es como pretender hacer creer que todas las mujeres deberían ser como las supermodelos que vemos en las películas o los anuncios, pues sabemos que el maquillaje, los focos y los postizos, además del Photoshop, convierten a una chica vulgar en una princesa.

Posiblemente yo les recomendaría a estos jóvenes, si es que alguien les permite leer este libro, que no identifiquen "masculinidad", "fuerza", "valentía" y "coraje" con el tamaño de los genitales. La valentía no se demuestra pegando al más débil, sino haciendo frente a la vida y resolviendo cada uno sus propios problemas. Si un muchacho crece con estos conceptos erróneos, puede creer que para ser feliz sexualmente o para hacer feliz a una mujer tiene que poseer un pene cuanto mayor mejor, aún cuando sepamos que el "truco" no está allí. Curiosamente, y aunque parezca mentira, muchas mujeres comparten con los hombres estas ideas erróneas y suelen hablar de lo atractivos que son los varones de pene grande.

Por supuesto, la satisfacción orgásmica masculina no se encuentra afectada por el tamaño peneano, del mismo modo que la impotencia o la eyaculación precoz son más habituales en los hombres de pene grande que en los pequeños.

Orgasmo masculino

Parece ser que el mecanismo fisiológico por el cual se produce la eyaculación masculina se debe al roce del glande del pene contra las paredes de la vagina, lo cual hace que las paredes musculares de las vesículas seminales se contraigan y viertan su contenido en la uretra, en donde se unen al líquido prostático y de allí salen al exterior, ayudados por diversos centros nerviosos situados en la región sacra y lumbar. La excitación de estos nervios depende de muchos factores, entre ellos la imaginación, el amor, el morbo, las caricias y las posiciones o técnicas adoptadas.

Una vez que los espermatozoides se encuentran en el canal vaginal comienzan una carrera desenfrenada por alcanzar el preciado trofeo: un óvulo ansioso de ser penetrado. Con una velocidad de casi 4 mm por minuto (vertiginosa para sus dimensiones), pueden recorrer en poco más de una hora los 16 centímetros que le separan del orificio tubárico, o en menos tiempo si el medio es ligeramente alcalino.

Su movilidad y poder fertilizante lo conservan durante casi dos días, aunque solamente uno de ellos logrará la fecundación y para ello deberá romper la membrana protectora que envuelve al óvulo, la cual se cerrará detrás de sí para impedir nuevas entradas.

El periodo refractario

Un periodo temporal fisiológico (natural) de imposibilidad eréctil sigue inmediatamente a la eyaculación durante el cual un varón no puede despertarse sexualmente. La duración del periodo refractario puede ser mínima en los años adolescentes y de mucho más tiempo en años posteriores.
Este periodo se puede acortar mediante el simple método de descansar un poco, tal y como haría un deportista agotado, o mediante nuevos y aleccionadores estímulos.

Control de la eyaculación

Con el tiempo, el mayor problema es la poca capacidad para aguantar el tiempo que la pareja requiera, verdadero terror en la mayoría de los jóvenes. Eso y la disfunción eréctil, que luego veremos, suponen los mayores traumas en la sexualidad de los varones.
La técnica para lograr dicho control radica en la respiración, si se respira rápida y agitadamente, se llegará al orgasmo en muy poco tiempo; el truco está en respirar lenta, muy lentamente. También es importante la velocidad del movimiento, ya que si las embestidas dentro de la vagina son demasiado rápidas, el orgasmo llegará cuando menos se desee. Aspirar al penetrar, espirar al retirar. Aspira, espira, aspira, espira. Si siente que se acerca demasiado al punto sin retorno -donde

parece que ya no se puede impedir la eyaculación-, hay que detenerse un momento, respirar, hacer una pausa, y continuar. Si la tensión orgásmica es demasiada, se cambia de posición, y esa pausa permitirá prolongar el momento del orgasmo. En ese momento todo parece controlado, pero bruscamente algo se desencadena, ya no se puede aguantar más, y nos decimos que adelante, que el placer es demasiado intenso como para frenarlo. Luego viene el sentimiento de culpa, la vergüenza por no haber podido esperar más. Así que, con la debida flema, hay que retirarse y admitir que no ha podido ser y que la próxima vez todo irá mejor. A fin de cuentas la finalidad del coito es el orgasmo, así que si al menos uno de los dos lo ha pasado bien, estupendo. El próximo día lo pasarán los dos, o el otro. Además, seguramente los preliminares han sido estupendos, así que tampoco es para tanto.

Y si el fracaso se repite más veces es el momento de sentarse a hablar para planificar cómo deberá ser la próxima vez. Aquí no hay culpables, ni víctimas, especialmente porque las mujeres no siempre tienen un orgasmo y no pasa nada.

Lo que es muy importante es la condición física, puesto que cuanta más energía y salud se posea mejores serán los resultados, y eso ocurre a cualquier edad. Estar sentado viendo televisión, comiendo pizza y tomando cerveza, para pasar después al dormitorio, no va a garantizar un buen acto amoroso.

Eyaculación prematura

Tanto o más que la impotencia, la eyaculación prematura es el azote y el infortunio para quien la padece. Se considera así cuando no ha habido tiempo de satisfacer sexualmente a la pareja.

Este concepto es erróneo en su base, pues no se puede hablar de anomalías en función del tiempo que dura el coito, ni se puede medir por el grado de satisfacción que otorguemos a la pareja. Si la consecuencia habitual del coito es el orgasmo de ambos y el hombre la logra, antes o después, indudablemente él no tiene ningún problema físico pues ha logrado su propósito. Esto mismo ocurre cuando es la mujer quien tiene su orgasmo antes o después que el varón, y no puede ser considerada como anomalía la respuesta rápida de una persona a los estímulos. Por lo tanto, podríamos definir el término "eyaculación precoz" cuando la eyaculación se produce antes de que el individuo lo desee, no estando, por tanto, en dependencia de su pareja.

Los estudios estadísticos son poco fiables, la gente miente mucho en las encuestas, ya que nos hablan de un mínimo de 2 minutos de coito, aunque se dice que la mayoría de los hombres sienten necesidad de eyacular en ese corto período y que deben realizar un esfuerzo para contenerse en espera de la respuesta más retardada de su pareja. Además, en los adolescentes la eyaculación es casi siempre precoz, lo mismo que en personas que tienen relaciones impetuosas y escabrosas, en lugares públicos o poco propicios. En ambos casos tampoco se puede hablar de prematura.

¿Existe una duración "normal" antes de llegar a la eyaculación? Obviamente no, salvo que consideremos que esa duración, corta o larga, afecta al psiquismo de la persona en cuestión, no a su pareja. Cuando una persona adulta, después de una vida sexual activa, continuada y si es posible con parejas diferentes, sigue teniendo una eyaculación en los dos primeros minutos, incluso sin penetración, es el momento de intentar curarle. Para ello primero hay que tranquilizarle y hacerle que realice el acto sexual sin prisas y con calma. Se le darán técnicas adecuadas para detener el orgasmo y con ello prolongar el coito, así como para parar de moverse en el momento adecuado, reanudando el acto a los 30 segundos. Se realizan cuatro o cinco paradas, con el fin de que el acto sexual dure al menos 5 minutos, siendo lo ideal 10. Después de unos cuantos días de entrenamiento la persona ya ha aprendido a controlar sus emociones y puede considerarse curado.

Una vez aclarado que no existe eyaculación precoz, sino eyaculación antes de lo deseado, si lo que se pretende es prolongar el tiempo antes de eyacular, debemos primero hacer una advertencia: si la pareja y la propia persona afectada llevan años "soportando" este problema, es muy posible que ambos hayan perdido ya el interés en las relaciones sexuales, él por sentimiento de culpa, y ella por simple desinterés. Por eso es importante encontrar una pareja que se sienta unida a nosotros en los sentimientos primero y luego en el sexo, pues de ser así el tratamiento es relativamente sencillo.

El procedimiento es más psíquico que físico, ya que de lo que se trata es que el cerebro tome las riendas del coito, no permitiendo que el pene dirija la situación. El objeto de esta terapia es enseñar al individuo a centrar su atención en las sensaciones gratificantes del abrazo y las caricias, del contacto simple y de las palabras, buscando así una estimulación progresiva. Hay que evitar ejercer un control férreo sobre el orgasmo, y en su lugar desviar la atención hacia el cuerpo de la compañera, más que en el propio. Si, a pesar de ello, la erección intensa anuncia que el orgasmo puede suceder, hay que interrumpir bruscamente el contacto, casi con rabia. Es como un coitus interruptus, pero sin penetración ni eyaculación. Con el tiempo, y derivando los pensamientos hacia las sensaciones de la pareja, se consigue controlar en cierta medida al pene, empeñado en seguir sus propios impulsos.

La posición adecuada para un control de la eyaculación una vez efectuada la penetración, es con la mujer encima, pues así ella controlará la situación, parándose si percibe que el asunto esta "caldeado". Además, en esta posición la mujer se mueve según sus necesidades y logra estimular sin problemas el punto G, por lo que llegará al orgasmo con mayor rapidez, o al menos antes que el varón. En esta posición, además, el hombre puede acariciar cómodamente el cuerpo de la mujer, lo que indudablemente la excitará aún más.
Otro método, un poco más incruento, pero igualmente efectivo, es que cuando el hombre comience a perder el control de su eyaculación, la mujer le apriete intensamente la cabeza del pene, con lo cual se

provocará un reflujo del semen y la detención del orgasmo.

¿La eyaculación prematura es un problema para los varones?

Indudablemente para los varones no debería ser ningún problema, aunque puede serlo para la mujer. Aun así, tampoco una eyaculación que se origine en apenas dos minutos de coito debería ser un problema, siempre y cuando el periodo refractario no durase toda la noche. Tener un orgasmo no puede ser un problema, pues ese es el fin perseguido, y el que sea antes o después no implica anormalidad o defecto.

Tampoco debe ser una tragedia no tener habitualmente un orgasmo haciendo el amor, y las mujeres confiesan que les ocurre con frecuencia. Creo que posiblemente el mayor problema es que esperamos demasiado del acto sexual, demasiada perfección, y estamos demasiado influidos por lo que nos dicen psicólogos, periodistas y escritores.

Si el hombre fuera capaz de continuar sus erecciones a continuación de la eyaculación, no le importaría si en las nuevas penetraciones no sintiera orgasmo y eyaculación, pues se sentiría satisfecho del beneficio otorgado a su compañera. Así pues, es el momento refractario el que debemos intentar erradicar a través de la investigación, no la eyaculación prematura.

Eyaculación retardada

En este caso el problema es inverso al anterior, ya que a pesar de la excitación y del roce continuado, no se produce eyaculación ni orgasmo. Para tratar de solucionarlo es importante averiguar si el varón es capaz de eyacular en cualquier circunstancia, masturbándose, por ejemplo, o simplemente excitándose. Es frecuente que se realicen casi de forma involuntaria pequeñas eyaculaciones mediante pensamientos excitantes, pero que pasan desapercibidos para el propio individuo, pues el orgasmo ha sido menor y confundido simplemente con la excitación. Cuando esa persona realiza el coito no dispone ya del suficiente semen como para lograr una eyaculación manifiesta, lo que le hace pensar que está enfermo. La simple inspección de la ropa íntima o del pene, puede confirmar que realmente ha existido eyaculación, aunque en pequeñas proporciones.

El siguiente paso, si se confirma la poca emisión de semen sin orgasmo, consiste en lograr una estimulación mayor o diferente, requiriéndose en estos casos la ayuda de la pareja. Para ello se recomienda efectuar la penetración en circunstancias no demasiado estimulantes inicialmente, aumentando los estímulos y recursos para que poco a poco logre el orgasmo en el interior de la vagina, el cual será percibido sin lugar a dudas por una pareja experimentada. No obstante, con frecuencia solamente existirá pérdida de semen, pero no orgasmo.

Tampoco debemos confundir la eyaculación retardada con la retrógrada, en la cual existe una pequeña eyaculación que no llega a salir al exterior y que proporciona un orgasmo normal. Algunos medicamentos, como la amitriptilina, pueden provocar estos efectos secundarios.

También suele confundirse este retardo o incapacidad de eyacular con la ausencia de esperma, bien sea porque se haya expulsado anteriormente sin notarse (no ha existido orgasmo) o porque no ha habido tiempo para "recargar la batería". En aquellas circunstancias en las cuales ha existido orgasmo y no se perciba la eyaculación, es posible que sea por una retracción del líquido o porque la cantidad sea tan pequeña que se confunda con otras secreciones. Estos casos son muy frecuentes entre jóvenes inexpertos, los cuales tienen relaciones sexuales sin tomar precauciones severas contra el embarazo, pensando que se retirarán a tiempo, antes de eyacular.

Los medios mecánicos que se utilizan para corregir esta disfunción consisten en provocar la eyaculación primeramente con la mano, después mediante el roce con los labios de la vagina y finalmente dentro. Este proceso de estimulación lleva algún tiempo y la respuesta no es inmediata, ya que lo que se pretende es aumentar la sensibilidad del pene al frotamiento y con ello lograr una respuesta más intensa durante el coito.

Ausencia de orgasmos

Mientras que para miles de hombres la eyaculación precoz es su gran problema sexual y darían su brazo derecho por lograr una penetración que permaneciera al menos 10 minutos, para unos pocos su problema precisamente es la imposibilidad de tener orgasmos, incluso aunque la erección sea completa y duradera.

Aunque existen algunos medicamentos que pueden provocar este síntoma, como es el caso de las fenoticidas y algunos antihipertensivos, y enfermedades que afecten a la médula espinal como la esclerosis múltiple, las causas suelen ser psicológicas.

La primera recomendación es que se debe dedicar a la actividad sexual que prefiera con su pareja, sin pretender la penetración y si se realiza, sin buscar a toda costa el orgasmo. La siguiente consiste en sugerir al sujeto que si está en condiciones y la tensión erótica se ha acumulado se deje llevar por las sensaciones, terminen con eyaculación o sin ella.

Hay que buscar el ambiente que favorezca la excitación, en ocasiones sombrío, en otras a plena luz, en la intimidad del dormitorio o en un ascensor. Puesto que cada pareja reacciona de modo más favorable en unas situaciones que en otras, dejaremos que cada cual elija la suya en ese momento dado. Por cierto, con frecuencia un cambio de lugar o momento suele hacer el milagro del éxtasis en ambos.

Una vez comenzado el coito hay que pedir a la pareja que participe para lograr que el varón eyacule, bien sea con movimiento suaves o intensos, con palabras, o aumentando el ritmo o la penetración. Una pareja que lleve mucho tiempo haciendo el amor sabe con certeza aquello que funciona en ambos, y si no es así ya sabemos la causa del desencanto.

El orgasmo masculino no siempre incluye eyaculación

Según los estudios discutibles de Masters y Johnson sobre 10.000 orgasmos masculinos, a menos que un hombre haga algo para detener su orgasmo, inmediatamente tendrá una eyaculación. Esto no es del todo cierto, ya que cuando la frecuencia del coito es muy alta puede existir carencia de esperma, pero el orgasmo tiene lugar igualmente, aunque sin tanta intensidad.

El rasgo físico más característico del orgasmo es la sensación producida por las contracciones rítmicas simultáneas del músculo pubococcygeus, junto con las del esfínter anal, recto y perineo. También hay movimiento en los conductos de eyaculación y músculos alrededor del pene, constituyendo el reflejo del orgasmo. Las primeras contracciones son pequeñas y ocurren a intervalos de aproximadamente 0-8 segundos y cuando el orgasmo continúa, las contracciones disminuyen en intensidad y duración, ocurriendo en intervalos menos frecuentes.

No puede haber ninguna duda que las contracciones rítmicas simultáneas constituyen el reflejo del orgasmo, y esta sensación no puede ser experimentada sin estas contracciones. No sabemos las causas por las cuales orgasmo y contracciones parecen ir unidos, aunque esto solamente se refiere al orgasmo que va unido a la eyaculación. En aquellos orgasmos ocasionados por la imaginación, el sueño, o un fugaz pero intenso contacto, frecuentemente no hay contracciones y en ocasiones ni siquiera erección aparente. Así, nos podemos encontrar con dos procesos separados fisiológicamente: la eyaculación como inherentemente a una parte del orgasmo, y las contracciones.

Llegado a este punto, debemos admitir que los varones también pueden tener orgasmos múltiples en una misma noche, aunque no necesariamente eyaculación, y si hay una pausa lo suficientemente larga, hasta varias eyaculaciones. Esto lo podríamos definir como el "orgasmo múltiple masculino".

¿Es posible disminuir el periodo refractario?

Hay quien asegura que la noche de bodas o aquella ocasión en que tuvo entre sus brazos a una mujer ardiente, estuvo horas y horas haciendo el amor, teniendo ambos orgasmos múltiples. Sabemos que ellas no parecen tener problemas para repetir varias veces, salvo escoceduras aparte, pero ya sabemos que los varones necesitan cierto descanso a acusa del periodo refractario.

Lo que es perfectamente factible es lograr una nueva erección y hasta tener más de un orgasmo, lo que desmitificaría la creencia de que los hombres no son multiorgásmicos, aunque no podrán tener eyaculaciones con la misma frecuencia. Una vez pasado el periodo refractario es factible volver a efectuar el coito en un tiempo variable que oscila entre 20 minutos o más tiempo. Este plazo se podrá acortar o extender teniendo en cuenta los siguientes factores:

- El tiempo que haya transcurrido desde la última eyaculación.
- La cantidad de semen expulsado.
- La edad.
- La condición física en general.
- Las enfermedades limitantes.
- El estímulo erótico de ese momento

Hay varones que expulsan todo el semen en el primer orgasmo, mientras que otros lo expulsan parcialmente. En este último caso, las posibilidades de acortar el periodo refractario y de tener nuevos orgasmos son muy altas. En el primero es menos probable, aunque la erección es posible e incluso puede darse orgasmo sin eyaculación.

Disfunción eréctil

Una vez descartadas algunas de las anomalías anteriores (eyaculación prematura, orgasmo retardado, pérdida del deseo sexual…), es el momento de hablar de anomalías en la erección, término que no debe confundirse con el de eyaculación precoz.

1.   El primer consejo es que durante los primeros cuatro a siete días del tratamiento no se realice el coito ni se promueva la eyaculación, aunque es importante que se efectúen caricias mutuas en lugares insospechados, así como besos furtivos y cualquier otra situación que parezca más afectiva que sensual. Lo que se pretende es acercar a la pareja al contacto, sin que exista la necesidad psicológica de continuar hasta hacer el amor. Del mismo modo que las parejas jóvenes suelen renunciar al contacto íntimo hasta afianzar la relación, el varón afectado de disfunción eréctil debe rechazar cualquier insinuación que llegue un poco más lejos de lo establecido, aunque debe promocionar todo aquello que sirva para "calentar motores". Cualquier estímulo erótico no orientado al coito debe permitirse.

2.   La segunda parte del tratamiento consiste en eliminar de la mente el temor al fracaso, algo imposible de suceder si no hay coito. Incluso aunque pronto aparezcan resultados físicos notorios que indiquen que todo va bien, la pareja debe reprimirse hasta que la excitación esté consolidada y se pueda repetir sin problemas. El interés por demostrar que todo está igual que antes puede ocasionar una precipitación que con frecuencia será desilusionadora. Si uno está convencido de que fracasará, el fracaso es seguro.

3.   La tercera fase consiste en eliminar cualquier presión psicológica para que, de una vez, demuestre que todo está correcto. Lo importante es decir y decirse

que, incluso si no hay solución (lo que en el 90% de los casos no es cierto) la vida afectiva de la pareja seguirá. La penetración, ya lo hemos dicho, no es la parte más importante en la relación de pareja.

4.   Después hay que señalarle al paciente que sea egoísta haciendo el amor, que se preocupe exclusivamente por sí mismo, independientemente de que su pareja disfrute poco, mucho o nada. Hay que liberarse de la preocupación por agradar, del miedo al rechazo y a la infidelidad, de cualquier sentimiento de culpabilidad. Si tenemos miedo a perder a nuestra pareja por disfunción eréctil es señal de que no era la adecuada. Como se dice en los esponsales: "En la alegría y la tristeza, en la salud y la enfermedad, en la riqueza y la pobreza".

5.   Por ultimo, se le indica al varón que realice el coito cuando tenga ya cierta seguridad en la erección, pues el primer intento es un hito importante y crítico en el tratamiento de la disfunción efectiva.

Hay que realizar este primer coito de la manera más libre, sin presiones, y del modo más excitante que sea posible, siendo recomendable que la mujer estimule a su pareja hasta que éste alcance la erección, para posteriormente introducirse el pene en la vagina y estimularlo de forma suave y sin exigencias, deteniéndose antes de la eyaculación si con ello aumenta el deseo.

Es importante advertir a los varones que su capacidad sexual no se puede medir por su comportamiento con una mujer, ni siquiera cuando supuestamente se la quiere. La creencia de que algo no va bien suele ir acompañada por la convicción en el fracaso, como si fuera una predicción autocumplida e imposible de evitar.

Impotencia ocasionada por la madre

Muchos de los casos de impotencia están ocasionados por situaciones generadas en la niñez, especialmente cuando el niño ha dormido hasta avanzada edad en el cuarto de la madre (viuda, generalmente), o cuando ésta insistía en ducharle siendo ya adolescente. Las naturales erecciones del joven ocasionarían no pocos reproches por parte de la madre si fueran percibidas, provocando una retraimiento intenso de los impulsos del joven para que no tuvieran lugar, al menos en presencia de su madre. Con el tiempo, la inhibición sería en cualquier circunstancia. Aquellas madres que ante el pudor del adolescente por ducharse en solitario, le comentan que ella es su madre y que ya le ha visto cientos de veces desnudo, le están condicionando toda la respuesta sexual futura. Tantas veces ha tenido necesidad de reprimir sus sensaciones eróticas delante de su madre, que cuando tienen una mujer delante posiblemente reaccionen igual sin poderlo evitar.

Sexo en el varón después de los 50 (y de los 60, 70…)

Hay quien sigue convencido de que hay cosas que solamente se pueden hacer a cierta edad, como divertirse, bailar, vestir florido o practicar sexo con pasión, e incluso hasta enamorarse. Lo asombroso es que esta forma de pensar no es solamente de jóvenes, sino que incluso las personas mayores también hacen comentarios sobre lo que ya no es "lógico" que se haga a su edad. Intenten encontrar a una pareja de sexagenarios dándose un apasionado beso en la calle y sabrán de qué les estoy hablando. Es más, ahora que el divorcio forma parte de nuestros hábitos, y con miles de personas en busca de nueva pareja, debería ser frecuente ver a enamorados de la tercera edad intentando recuperar la pasión amorosa que una vez sintieron; pero sigue siendo una anécdota. Realmente se enamoran y se aman como cualquiera, aunque buscan lugares escondidos o más discretos, quizá un crucero, un motel en la carretera o un restaurante en las afueras de la ciudad, evitando demostrar en público que están ardientes de deseo.

Y es que hasta ayer la actividad sexual en las personas mayores se pensaba que era una mera intención, imposible de materializar en la cama, e incluso hay quien sostenía que era inapropiada. Si el papá divorciado aparecía un día de la mano de su nueva novia y se encerraban en el dormitorio esa noche, el desconcierto sería mayúsculo. Los médicos han sido quizá los más culpables al hablar de andropausia y menopausia con demasiada frecuencia, insistiendo que era el declive, la pérdida de las facultades para amar. Puesto que ya habían tenido su oportunidad, ahora que se dedicasen a amar platónicamente.

El mito de la juventud es eso, un mito, y como tal insostenible, habiendo llegado el momento de revelarse y demostrar que el placer, el orgasmo y la pasión amorosa no tienen edad; aunque cambia el modo en que se llega al éxtasis. Cuando una persona nos atrae físicamente y nos gusta su comportamiento, el impulso sexual surge bruscamente, de modo irrefrenable. Además, ahora los avances en la salud son notorios, y no solamente por la entrada de la Viagra, medicamento por cierto apenas utilizado por la mayoría de los varones mayores, sino porque sabemos comer, hacemos ejercicio, tenemos mejor calidad de vida y nos cuidamos más estéticamente. Así es fácil que alguien se enamore de nosotros.

En la sociedad actual tener 65 años ya no es lo mismo que en el siglo XX, con las personas jubiladas dedicándose a jugar a los bolos, la canasta o a pescar. Desde esa edad todavía quedan en teoría 20 años de vida y eso da para mucho. En el año 2030 la población de más de 65 años se duplicará y la tendencia social es a proporcionar a ese colectivo mejores ofertas de ocio y placer. Físicamente, sin embargo, no podemos negar que la actividad sexual es distinta, pero diferente no quiere decir imposible, siendo el único requisito adaptarnos a los cambios físicos que se van produciendo con lentitud pero de forma inexorable.

A los varones nos han hablado de la andropausia, pero este término es improcedente puesto que no tenemos tal enfermedad, al menos como un homólogo de la menopausia femenina. Los cambios de la función sexual en el varón se inician de forma imperceptible con la disminución de las erecciones involuntarias nocturnas directamente relacionadas con la fase de sueño profundo REM, ya que mientras antes se mantenían durante 30 minutos por noche, en la tercera década de vida serán de 20 minutos (que no son pocos) y desde entonces con un lento declive. Sin embargo, al menos un 30% de los varones mayores confiesan eufóricos que ellos siguen manteniendo su potencia viril y si alguien duda que les pongan una mujer ardiente a su lado. Indudablemente, si la compañera sexual ya no manifiesta interés por el sexo, pocas oportunidades les quedan a estos hombres; o al revés, que de todo hay.

Frecuencia en el coito

La frecuencia del coito va disminuyendo más por la rutina o falta de participación de la pareja que por motivos físicos, pasando de una frecuencia de 2 ó 3 semanales a uno semanal o quincenal. No hablamos del recurso de la masturbación, puesto que hacer el amor con uno mismo no es igual que abrazar a la pareja.

El declive sexual no es, por tanto, de índole físico, sino más bien psicológico, ya que si se mantiene la complicidad, las insinuaciones, el morbo y se cuida el físico, el deseo brota. Además, todo es cuestión de hábitos, y si nos acostumbramos a hacer el amor con frecuencia el deseo se mantendrá durante toda nuestra vida, no existiendo ese declive en el interés que nos dicen. Físicamente es igual, y puesto que el pene es a fin de cuentas un músculo casi de contracción involuntaria, si lo ejercitamos lo tendremos disponible siempre. Y lo mismo para las mujeres, ya que una vagina que no es estimulada frecuentemente será muy difícil que vuelva a segregar los fluidos adecuados para el juego sexual.

En conclusión, podríamos predecir el comportamiento sexual en la tercera edad en función de la actividad anterior, y así, si se ha practicado con frecuencia en los años anteriores, los años venideros serán sexualmente placenteros.

Cambios físicos

A nivel físico indudablemente se manifiestan modificaciones en el varón, y a partir de los 60 años el individuo requiere de un estimulo erótico más intenso y duradero para iniciar una actividad sexual. No basta, pues, con una buena intención, ya que tanto la vasocongestión del escroto y la elevación del músculo cremaster se reducen notablemente. Este músculo se encuentra en el pliegue de la ingle y bolsas testiculares, y su función es retraer el testículo.

Una vez establecida la excitación, el varón requiere de un tiempo de latencia de aproximadamente 5 a 10 minutos para obtener una erección suficiente para la penetración, con una rigidez variable entre un 60 y un 90% con respecto a la de su juventud. La cantidad de semen eyaculada estará en función del tiempo de abstinencia y de la excitación, lo mismo que la fuerza de expulsión, pero todo depende de la intensidad del orgasmo. Con todo, la sensación de haber quedado satisfechos sigue siendo igual a las anteriores.

Se cree que el lento declive sexual está condicionado por los niveles de testosterona, pero los intentos de aumentarlo con dosis extras nunca han dado resultado óptimo, lo que nos indica que existen otros elementos para explicar el buen funcionamiento de unos y el desinterés de otros. Además, la próstata puede jugar un importante papel en ello, pero muchos de los medicamentos para corregir la hipertrofia contienen estrógenos, lo que indudablemente bloquea la acción de la testosterona y con ello se produce la impotencia. Los remedios naturales disponibles, sin embargo, solamente aportan beneficios sin ningún inconveniente, siendo de especial interés el polen, zinc, ginseng, maca, damiana y ginkgo biloba. La suma de todos conduce a una reactivación de las funciones sexuales del varón, colocándole en un estado físico óptimo.

Y volviendo a las hormonas, se sabe que a partir de los 55 años se produce una muy leve disminución de la concentración de testosterona que se sitúa en 1 % por década, lo que nos lleva a un 2% a los 65 años, y un 3% a los 75, cifras mínimas que no justifican la medicación hormonal. También se ha observado un aumento moderado de la tasa tanto de LH (hormona luteinizante) como de FSH (hormona folículo estimulante), así como una disminución del número de células de Leydig, y ello parece estar relacionado a su vez con una disminución del aporte de sangre arterial por lesiones vasculares degenerativas que ocasionará alteraciones testiculares. No obstante, si la calidad del sistema circulatorio es óptima, y no existen enfermedades como diabetes o problemas vasculares, el aporte sanguíneo al pene se seguirá realizando con intensidad y con la presión necesaria. Es importante señalar que hay muchos medicamentos, como los empleados para úlceras gástricas e incluso los hipotensores, que pueden disminuir seriamente la capacidad del varón para mantener un tiempo óptimo la erección. Aun así, insistimos en que casi todo depende del nivel de excitación.

Limitaciones

Los factores sociales y culturales pueden suponer una gran barrera para la actividad sexual, como es la ausencia de la pareja por muerte o divorcio, la jubilación, y el entorno familiar que insiste en decirle al varón que se olvide del sexo, que eso es para los jóvenes. Si el anciano demuestra interés por hacer el amor, siempre existirá un cretino más joven que le acuse de ser un "viejo verde".

Las limitaciones físicas musculares, e incluso la obesidad, así como la baja resistencia al ejercicio, pueden condicionar los movimientos del coito, lo mismo que la agilidad y elasticidad. En estos casos, estas limitaciones se pueden suplir simplemente con la imaginación, en busca de posturas y modos que no supongan condiciones físicas especiales.

Todos estos cambios que se originan por el paso de los años no son extensibles a todos los varones, puesto que lo importante no es la edad cronológica, sino el estado físico general. Obviamente, si al bajo estado físico se le añaden enfermedades limitantes o disfunciones puramente genitales, la técnica amorosa debe realizarse de modo muy diverso, pero siempre teniendo en cuenta que hay soluciones muy variadas que permitirán seguir disfrutando de la vida sexual.

Se estima que a los 70 años de edad el varón pude ver disminuidas sus facultades sexuales físicas entre un 65 y un 60%, pero ello sin menoscabo de la capacidad reproductora que se puede mantener en unos niveles suficientes. No obstante, si ha cuidado su salud, alimentación, sueño y no tomar regularmente fármacos, esta disminución no será superior a un 20%. Comparativamente, la mayoría de los varones entre los 30 y 50 años acusan repetidas veces bajones serios en su rendimiento sexual similares al de los ancianos, algunos de cuyos trastornos no son reversibles. Por ejemplo, la disfunción eréctil (lo que antes se denominaba como impotencia) es el trastorno sexual más frecuente entre los hombres que rondan los 50 años de edad, la mayoría de las veces sin una causa orgánica que lo justifique.

La disminución del aporte arterial por parte de las arterias cavernosas (las que están en el pene) es habitual en casos de arteriosclerosis y personas diabéticas, enfermedades habituales a partir de los 60 años. Este mal ocasiona una disminución de la oxigenación en los cuerpos cavernosos del pene, provocando poco a poco una fibrosis que limitará la expansión del órgano. Además, la presión sanguínea necesaria para mantenerlo erecto el tiempo suficiente se viene abajo con demasiada frecuencia, especialmente en quienes están tomando hipotensores. No obstante, la presión sanguínea se puede mantener simplemente con nuevos estímulos corporales y psicológicos que ocasionen una acentuación de la libido.

Medicamentos limitantes

Los medicamentos suelen ser responsables con demasiada frecuencia de esta bajada en el rendimiento sexual, especialmente si tenemos en cuenta que las personas mayores están irresponsablemente medicadas, con fármacos que llevan años tomándolos y que posiblemente hayan sido prescritos de por vida.

Muy posiblemente, el 25% de los casos de disfunción eréctil se deben a efectos secundarios de la medicación, aunque los médicos suelen ignorar estos efectos secundarios y muchos enfermos prefieren no comentarlos. También causan ese mismo efecto las operaciones de próstata y la gran mayoría de cirugías oncológicas.

De entre los fármacos ciertamente responsables, entresacamos a:

Antihipertensivos
Excluimos el nombre comercial y empleamos solamente el genérico:
Rauwolfia, reserpina y derivados
Vasodilatadores directos como el diazóxido, la hidralazina y el minoxidilo
Hipotensores de acción central tipo clonidina y metildopa que disminuyen la libido y ocasionan eyaculación retrasada.
Inhibidores de la angiotensina –convertasa como el benazeprilo
Otros antihipertensivos como el labetalol y doxazosina
Asociaciones de hipotensores sintéticos y diuréticos, en especial captoprilo e hidroclorotiazida, este último con un efecto claro en el varón, mientras que en la mujer le produce disminución de la lubricación vaginal.
La mayoría de los betabloqueantes (acebutolol, atenolol) pueden provocar alteraciones en la libido, así como disfunción eréctil.

Por el contrario, los antagonistas del calcio no poseen estos efectos.

Psicofármacos
Los antipsicóticos, utilizados para tratar paranoias, psicosis o esquizofrenia, suelen ocasionar disfunción eréctil o eyaculatoria y, en ocasiones, aumento de la libido y priapismo, esto es, erección persistente y dolorosa sin razones eróticas.

Los antidepresivos, especialmente aquellos que tranquilizan y sedan simultáneamente, pueden afectar la función sexual.

Los tranquilizantes menores derivados del diazepam pueden disminuir la libido, salvo en los casos en que el nerviosismo sea lo que desencadene la inhibición.

Hormonas
Aunque se piensa que las hormonas son una buena solución para los problemas de insuficiencia sexual, con frecuencia son la causa principal de las disfunciones.

Los esteroides anabolizantes, empleados en el deporte para el desarrollo muscular, disminuyen los niveles de testosterona, ocasionando poco a poco una atrofia testicular e infertilidad.

Los estrógenos ingeridos para los problemas de próstata son causa segura de impotencia eréctil y atrofia del pene. En la mujer, sin embargo, son estimulantes de la libido.

Antihistamínicos

Frenan la producción de histamina, un elemento imprescindible para el orgasmo masculino y femenino.

Otros medicamentos de uso común
La cimetidina (Ranitidina, Famotidina, Nizatidina), un genérico empleado abundantemente para las úlceras gastroduodenales, produce aumento mamario en el varón y atrofia genital en tratamientos prolongados. Afortunadamente ahora es sustituido por el omeprazol, el cual no actúa en la esfera genital pero sí en el psiquismo. Su uso está comenzando ya a estar en entredicho.

Cuando el psiquismo nos traiciona

Una vez que hemos descartado causas orgánicas propias de la edad y efectos iatrogénicos de los medicamentos, hay que buscar siempre en el psiquismo, en el subconsciente que nos traiciona cuando menos lo deseamos.

Indudablemente mirarse en el espejo cada día y asistir al inevitable envejecimiento no es motivo de alegría para casi nadie, pero deberíamos mirar las cosas desde otro prisma, con el vaso de las alegrías medio lleno. Si lo importante es llegar y no querer llegar, indudablemente una persona de 70 años ha llegado y ha dejado atrás a millones de personas que murieron mucho antes. Esto es una fortuna, se mire como se mire. Del mismo modo que irse de vacaciones es motivo de alegría y el retorno debe ser motivo de júbilo por haber podido realizarlas, vivir 70 años es un bien del destino, nunca un mal.

Lo importante es evaluar la sexualidad de acuerdo a nuestra edad mental y estado físico, amoldándonos a las nuevas e intensas formas de vivirla, tanto si disponemos de pareja estable y entusiasta, como si es esporádica y algo más fría. La vejez, y esto debe quedar bien claro, no es una enfermedad, sino una nueva etapa de la vida.

El interrogatorio médico

La persona mayor debe diferenciar cuanto antes si los cambios que acontecen en su cuerpo son los normales para su edad, o se trata de una patología. De cualquier modo, siempre hay soluciones para ambos casos. El terapeuta deberá interrogar al paciente de forma discreta, respetando sus ideas sobre las relaciones sexuales y su concepto de lo que es normal o lo que no lo es. Hay que buscar cuándo comenzaron las primeras anomalías, y en qué situación familiar se encontraba en ese momento. Después hay que valorar los cambios ocurridos en la libido, la eyaculación y el orgasmo, así como si todavía mantiene erecciones nocturnas o diurnas involuntarias.

La exploración física pudiera considerarse indispensable, pero debe ser voluntaria y nunca forzada, evitándola realizarla en presencia de una enfermera. Se podría explorar la posible presencia de ginecomastia (aumento de las mamas del varón), el tamaño y características morfológicas del pene para descartar la presencia de una placa indurada (nódulo), así como el tamaño y consistencia de ambas gónadas, todo ello complementado por un examen rectal de la próstata.

También será conveniente averiguar el estado físico global mediante una analítica sanguínea general a la cual añadiremos una determinación hormonal de testosterona libre, prolactina y LH. Todo ello, insistimos, después de descartar causas exclusivamente psicológicas. De existir, todo lo demás es innecesario.

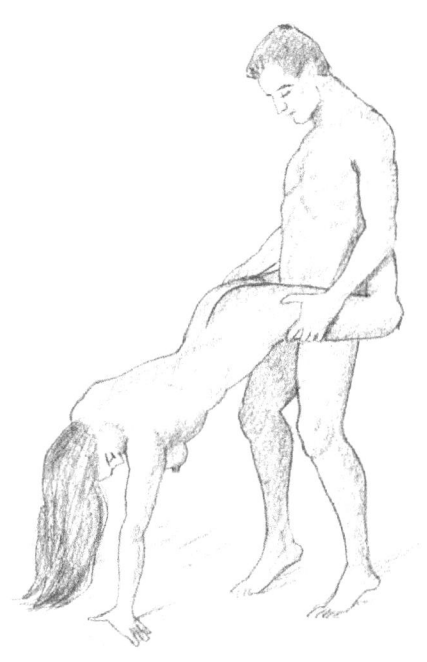

150

CAPÍTULO 7

AFRODISÍACOS

Para algunos no hay nada en la naturaleza que posea acción afrodisiaca, insistiendo que se trata de sugestión o efecto placebo. Indudablemente no los han probado o no tenían en ese momento a una pareja adecuada. Que el impulso sexual en el ser humano es extraño nadie lo duda, y si no escuchen a la cantidad de personas que dicen sentir pasión por alguien a quien odian, que les hace daño, que les desprecia o que es sencillamente feo. Con ellos no se necesitan afrodisiacos, pues el impulso sexual se manifiesta a pesar de que el intelecto nos indica que estamos locos.

Ello nos lleva a la conclusión de que el mejor afrodisiaco es el propio ser humano, bastando en ocasiones con ver una fotografía, tocar una prenda de vestir o escuchar la voz de la persona amada a través del teléfono, para que se desaten en nuestro interior resortes que ni siquiera sabíamos que estaban allí. Hay otras situaciones, sin embargo, en las cuales todo está correcto (el lugar, el amante, la magia y hasta los sentimientos), pero nuestro cuerpo se resiste a responder adecuadamente. En estos casos, y mucho más en aquellos que aun amando intensamente a alguien nuestro cuerpo no quiere reaccionar igual, es cuando el uso de los afrodisiacos nos ayudará sensiblemente.

Son como la llave de puesta en marcha de un coche, el interruptor que enciende una bombilla, o el resorte que catapulta algo adelante con fuerza. Si todo está correcto entre los amantes, una chispa prenderá la llama que se necesita.

Estos son algunos de los más eficaces:

Canela
La canela procede de un árbol siempre verde originario de Ceilán, aunque también se puede encontrar en América del Sur. Para uso culinario y medicinal se emplea la corteza de los árboles más jóvenes, rica en un perfume y sabor que le hace ser un condimento imprescindible en pastelería.
Posee propiedades para mejorar la digestión, curar la gripe, la anemia y la debilidad. No obstante, es famoso su efecto como estimulante sexual en la mujer, especialmente mezclado con arroz con leche.

Maca
Se trata de una planta herbácea procedente de los Andes del Perú, donde se cultiva como comestible.
Inicialmente se utilizaba para mejorar la fertilidad en hombres y mujeres, aunque las nuevas experiencias le atribuyen buenos efectos en: menopausia, dismenorreas y trastornos hormonales en el sistema reproductor en la mujer. En el varón, además, tiene buenos efectos en caso de disfunción eréctil, para elevar los niveles de testosterona, aumentar la calidad de los espermatozoides, como afrodisiaco y para reducir la tensión arterial.

Alcohol

Hay que distinguir su efecto en el hombre y en la mujer. Mientras que en la mujer una dosis moderada e incluso alta de champán o licor dulce la puede convertir en una amante apasionada y apta para cualquier orgía, en el hombre hay que actuar con prudencia: una pequeña cantidad quita inhibiciones y nos permite atrevernos a comer de cualquier fruta prohibida, mientras que dosis más altas nos dejarán nuestros atributos en dosis mínimas, cerca del más completo ridículo.

Mi consejo es que si quieren beber alcohol, por aquello de acercar distancias, lo hagan al menos dos horas antes del ataque final

Damiana

La planta afrodisiaca por excelencia y la más utilizada en el mundo entero con estos fines. No hay receta eficaz que se precie que no contenga una mezcla de Damiana, Ajedrea y Ginseng a partes iguales.

La Damiana, empleada en el sur de los Estados Unidos por los indios navajos, posee buenos efectos sobre la esfera sexual, aunque no inmediatos, además de un aumento de la energía, de la potencia, de la memoria y hasta de la tensión arterial.

Eleuterococo

Planta de origen ruso, siberiano para más señas, la cual rivaliza en cuanto a eficacia con el ginseng coreano. Tiene como ventaja su menor precio, más que nada porque no son necesarios los seis años de madurez para que las raíces contengan todos los principios activos.

En la actualidad se cultiva en grandes plantaciones norteamericanas con un clima más propicio que el ruso. Tiene probadas acciones como adaptógeno, estimulante de las defensas, hipertensor, favorecedor de la memoria y regulador endocrino. Sus efectos sobre la esfera genital son más importantes en la mujer, ya que estimula la función ovárica, y la formación de estrógenos y gonadotropinas.

Ginkgo biloba

Árbol originario de China que ya es muy frecuente encontrarlo en forma cultivada en parques públicos húmedos, siendo el único miembro de una especie muy antigua. Alcanza los 30 metros de altura y su copa es delgada, alta, con ramas cortas, existiendo variedad masculina y femenina.

Contiene flavonoides, antocianinas, ginkgólidos y se emplea como excelente venotónico en varices y hemorroides. Mejora la circulación cerebral, la insuficiencia circulatoria y la fragilidad capilar. Posee un importante efecto para mantener la erección en el pene del varón y para aumentar el aporte sanguíneo al clítoris, considerándose por ello un buen afrodisiaco.

Ginseng

Esta planta, de origen coreano, se cultiva hoy en día en toda Asia, Canadá, Estados Unidos, Alemania e Inglaterra. Sus efectos afrodisiacos son más intensos en ancianos y personas especialmente debilitadas o con problemas circulatorios.

Menta

Se cree que fue la primera planta medicinal empleada como afrodisiaco, especialmente para las mujeres. Tiene la gran ventaja, además, que se puede cultivar en macetas y que proporciona hojas casi todo el año. Lo importante es emplear la variedad Menta Piperita, la cual la debemos comprar en esquejes ya comercializados, al no existir en forma silvestre.

Es un estimulante suave del sistema nervioso, del corazón, mejora las digestiones, el mal aliento, la tendencia al vómito y hasta los resfriados.

La leyenda nos habla de una ninfa llamada Menthe, hija del dios de los ríos y amante del poderoso Plutón, quien estaba casado con una señora muy celosa. El resultado fue que a la pobre Menthe la convirtieron en planta para toda la eternidad cuando se descubrió el adulterio.

Ñame

Su ingrediente activo es la diosgenina, la cual puede convertirse en hormonas como los progestágenos, estrógenos, andrógenos y cortisona. Sin embargo, el calor parece disminuir o impedir esta cualidad, por lo que se recomienda tomarla en forma de extracto seco.

Orquídea

Dicen que no hay mujer que pueda resistir el embrujo de una orquídea entre sus manos. Este hechizo tiene su origen en Orchis, hijo de un sátiro y una ninfa, quien fue asesinado y logró volver a la vida en forma de orquídea.

Lo que no sabemos es dónde está el secreto de esta delicada flor, si es en su forma, su aroma o su leyenda.

Hay quienes preparan una bebida con los tubérculos de la flor, otros se hacen una infusión con las hojas, mientras que los más audaces van directos al asunto: se frotan sin más sus genitales con los pétalos.

Tríbulus

Hierba que parece aumentar la cantidad de testosterona endógena y con ella la función sexual deprimida. También ayuda a un buen desarrollo muscular y a la recuperación de la fatiga de los deportistas. El Tribulus desempeña un papel similar a las hormonas anabolizantes acelerando la producción de la hormona luteinica en la hipófisis, lo que tiene por consecuencia aumentar la testosterona libre.
En la medicina ayurvédica es conocida como *gokshura,* siendo empleada para resolver problemas urinarios e insuficiente producción de leche materna, y en la India como afrodisíaco.

Trufa

La fama le viene ya desde antiguo, desde la dominación romana, quienes la empleaban como manjar exquisito depositándola cerca de la cama para tenerlas bien a mano en los descansos amorosos. Se dice que su efecto era tan fuerte que llegaron a agotar no solamente las de sus propias cosechas sino las de Libia, Grecia y norte de África. El problema es que la mayoría de lo que ahora se vende como trufa solamente es chocolate, ya que la auténtica escasea tanto que tiene un precio prohibitivo.

Yohimbina

Se extrae de la corteza del árbol Coryanthe yohimbe africano, desde donde se exporta a todo el mundo. Sus efectos afrodisiacos han sido reconocidos por las farmacopeas de todo el mundo, aunque para evitar un consumo generalizado se ha recomendado solamente para uso veterinario.

Los efectos de esta planta se manifiestan en poco más de una hora y se traducen en un aumento desmedido del calor genital. Ahora es frecuente encontrarla en tiendas de sex-shop.

¿Y MEDICAMENTOS?

De momento, lo que se emplea en las disfunciones sexuales de las mujeres menopáusicas es la terapia hormonal sustitutoria, ya que sin el concurso de los estrógenos y la progesterona hay pocas posibilidades de paliar los trastornos de la excitación sexual. No obstante, siempre los podremos sustituir por ciertos productos naturales extraídos de la soja, así como por infusiones de salvia y ortiga blanca.

Aún no se ha definido el papel de la testosterona o de la DHEA para elevar la libido, pero lo que sí se sabe es que esa hormona, típicamente masculina, puede tener un papel importante en la sexualidad de las mujeres y que se necesitarán más estudios para definir si habrá que usarla o no en el futuro.

Viagra

El sildenafilo es uno de los grandes avances farmacéuticos de los últimos años, pues ha devuelto la potencia a una buena parte de los varones con disfunción eréctil y está, al parecer, mejorando espectacularmente las dotes de aquellos que no son en realidad impotentes.

Todas las encuestas confirman que ha conseguido satisfacer a una gran mayoría de sus consumidores; sin embargo, hay datos que indican que el producto no ha logrado convencer a las mujeres. En el 29% de los casos, las mujeres consideraron no estar satisfechas con los buenos resultados que mostraban sus maridos.

Otros productos son, el Vardenafilo (Levitra), Tadalafilo (Cialis) y el Hidrocloruro de apomorfina (Uprima).

Los intentos de lograr una Viagra femenina aún no han sido concluyentes

CAPÍTULO 8

DICCIONARIO DE TÉRMINOS FRECUENTES USADOS EN SEXOLOGÍA

Aborto: Interrupción del embarazo antes de los 180 días de gestación, pudiendo ser espontáneo (natural) o provocado.

Abstinencia: privarse total o parcialmente de satisfacer los apetitos; en este contexto, los sexuales.
Puede ser voluntaria, obligada o manipulada.
Es más fácil abstenerse sexualmente cuando no se tiene contacto habitual con personas del sexo contrario (por ejemplo, en conventos) que en sociedades amplias.
Las religiones recomiendan periodos frecuentes de abstinencia sexual, pues pretenden que en esos momentos sus fieles se dediquen a meditar y mejorar sus cualidades espirituales.
Los médicos, por su parte, recomienzan con demasiada frecuencia abstinencia sexual cuando existen enfermedades, postura que les ha llevado a prohibir cualquier contacto sexual en los enfermos hospitalizados. No se ha demostrado que el coito perjudique la salud de la mayoría de los enfermos.

Adolescencia: período del desarrollo humano entre la pubertad y el estado adulto, en el que un individuo ya no es un niño pero tampoco un adulto. Aunque las leyes ponen el listón habitualmente en los 18 años, fisiológicamente a los 14 o los 16 años, la mayoría de los jóvenes poseen ya un desarrollo intelectual que les permiten calibrar la diferencia entre el bien y el mal.

Adulterio: relación sexual entre un hombre o una mujer casados, con alguien que no sea su cónyuge. También llamado sexo extramarital. Se considera como tal cuando existe una situación esporádica o continuada de engaño hacia la pareja, siendo una de las causas más frecuentes para solicitar el divorcio, pues ocasiona un daño moral muy intenso en la víctima. Los hombres se refieren jocosamente como "echar una cana al aire", mientras que las mujeres prefieren "tener un romance".

Afrodisiaco: cualquier sustancia, como por ejemplo comida, bebida o droga, que estimule o aumente el deseo sexual. Probablemente el ingrediente más efectivo de cualquier afrodisíaco sea su reputación, pues es la mente, en último lugar, lo que desencadenará el efecto estimulante. Aunque el mejor afrodisiaco es la propia pareja (si nos gusta), existen numerosas sustancias en la naturaleza que nos ayudarán a amar más intensamente y durante más tiempo.
El Ginkgo Biloba, la Damina, el Ginseng y el Polen, son algunos de los afrodisiacos naturales más eficaces.

Amenorrea: Ausencia de menstruación.

Andrógenos: hormonas que promueven el desarrollo de los órganos y las características sexuales secundarias masculinas. Se producen en gran cantidad en los testículos y en menor proporción en las glándulas suprarrenales del hombre y de la mujer. Intervienen en el deseo sexual de ambos. Las mujeres también poseen su nivel de hormonas andrógenas, con oscilaciones según el ciclo menstrual, el coito y el carácter.

Androginia: presencia simultánea de características femeninas y masculinas. En ocasiones, esta diferenciación está mitigada voluntariamente por la persona, bien sea por la manera de vestir o por sus ademanes, aunque no debe confundirse con la puramente fisiológica.

Andrógino: persona que tiene características masculinas y femeninas a la vez, y órganos sexuales incompletos de ambos sexos. También llamado hermafrodita. Suelen ser individuos que necesitan enclavarse definitivamente en uno de los dos sexos, momento en el cual llega la estabilidad psíquica a sus vidas.

Andropausia: término incorrecto para definir la disminución en la secreción hormonal masculina, en general a partir de los 50 años. No es homólogo de la menopausia femenina.

Ano: orificio de salida del conducto digestivo. En el coito (llamado ahora sodomía), la introducción debe hacerse muy lentamente, pues sus músculos no son de absorción sino solamente de expulsión. Una vez lograda la penetración, la relación sexual suele ser tan placentera para ambos como la vaginal.

Anorgasmia: falta de orgasmo en el coito, aunque puede existir deseo. Mal conocido con el nombre de frigidez.

Anticonceptivo: cualquier dispositivo o medicamento, como por ejemplo preservativo o píldora, utilizado para posibilitar el coito sin concepción. Se considera como tal aquel sistema o dispositivo que impide la concepción, no considerándose como tal las píldoras o sistemas que se emplean una vez instaurado el embarazo. La píldora del día después, por ejemplo, sería un abortivo, no un anticonceptivo. El método Ogino o el coitus interruptus, suelen ser empleados por personas que no quieren o no pueden emplear medicamentos o dispositivos, pero suelen fallar con demasiada frecuencia y ocasionar tensiones en la pareja. El preservativo es uno de los métodos anticonceptivos más antiguos de la humanidad, pero tampoco es totalmente seguro, especialmente por una mala técnica de empleo.

Anticonceptivo oral: la píldora. Las de reciente aparición en el mercado emplean dosis de estrógenos muy pequeñas, inferiores incluso a las producidas por el cuerpo femenino, y tienen menos efectos secundarios. Se recomienda que las mujeres mayores de 35 años que las utilizan no beban alcohol, ni tomen grasas saturadas, para evitar la aparición de efectos secundarios. No existe todavía la píldora masculina, aunque se ha extraído de las semillas del algodón una sustancia emparentada con la hormona masculina que parece tener ese efecto.

Areola: área pigmentada alrededor del pezón humano que se dilata levemente durante la excitación sexual. Es más sensible en la mujer que en el hombre.

Asexual: que carece de sexo manifiesto u órganos sexuales. Se define también como tal a quien no manifiesta interés por ningún sexo.

Autoestimulacion: masturbación, onanismo. Estimulación sexual del propio cuerpo. Puesto que ya sabemos lo inocuas y benéficas que resultan estas prácticas corporales, las recomendamos para aquellas personas que han elegido la soledad como la mejor opción en sus vidas. Indudablemente tiene algunas ventajas sobre la relación de pareja, entre ellas la que se puede decidir en qué momento y el cómo lo queremos hacer.

Beso francés: beso lengua con lengua. También, comer la lengua del otro.

Bestialismo: actividad sexual entre una persona y un animal; zoofilia. Es más frecuente de lo que pensamos, pero el hecho de que se considere una aberración obliga a las personas que lo efectúan a ocultar sus prácticas. Se cree que es muy frecuente con perros y otros animales caseros, así como con los que habitualmente existen en las granjas. En épocas de guerra, suele ser una práctica habitual para denigrar y humillar a los prisioneros.

Bisexual: atracción sexual por personas de ambos sexos o que tiene relaciones sexuales con ellas. No debe confundirse con la integración plena con una amistad o grupo de personas del mismo sexo. La sociedad admite como normal las amistades profundas entre mujeres, aunque menos en los varones. Dos mujeres pueden ir cogidas del brazo por la calle, bailar y acudir al servicio juntas sin que nadie lo considere como desviación, lo mismo que intercambiarse la ropa. En los varones las reglas son muy rígidas. La atracción hacia el otro sexo puede existir bajo la forma de amistad o compañerismo, sin que ello implique el deseo de tener relaciones sexuales.

Blenorragia: Enfermedad contagiosa común producida por Neisseria Gonorrhoeae y transmitida principalmente por contacto sexual; se caracteriza por inflamación de la mucosa del tracto genital, secreción genital, secreción purulenta y micción frecuente y dolorosa; si no se trata puede causar enfermedades graves.

Cáncer cervical: cáncer del cuello del útero.

Cándida: infección por hongos en la vagina, habitualmente por el Candida albicans.

Capuchón cervical: método anticonceptivo de barrera similar al diafragma.

Características sexuales secundarias: características físicas, aparte de los órganos reproductores principales, que se desarrollan durante la pubertad y diferencian a los hombres de las mujeres.

Hay personas que tratan deliberadamente de ocultarlas, pues consideran que la igualdad entre los sexos debe incluir las meramente físicas.

Castración: extirpación quirúrgica o química de los testículos o de los ovarios. Las paranoias legales han llevado a pedir que se castre químicamente a los delincuentes sexuales varones, lo que atenta con el principio más elemental del ser humano: su integridad física. De seguir esta línea demencial, tendríamos que contar la mano a los ladrones, los pies a los presos fugados, y hasta los ojos a los mirones. Quizá podríamos empezar por quitar el título a estos jueces y encerrar en un manicomio a quienes demandan estas prácticas.

Celibato: estado de soltería, o abstinencia voluntaria de unión sexual. Se trata de una opción tan respetable como la de quienes eligen la promiscuidad, aunque en su favor debemos decir que no suele causar daños a terceros.

Cérvix: cuello del útero. Conecta el útero con la vagina.

Ciclo menstrual: series periódicas de cambios asociados a la menstruación y al ciclo intermenstrual de la mujer. La hemorragia menstrual indica el comienzo del ciclo. Aunque el embarazo suele tener lugar durante la ovulación (aproximadamente el día 14-15 después del comienzo del periodo), es posible que también ocurra en plena menstruación. Durante estos días se puede realizar el coito, salvo gustos particulares.

Circuncisión: operación quirúrgica menor para remover el prepucio; por lo general se realiza por razones religiosas o de higiene, o para corregir la fimosis o un prepucio poco elástico. Se considera ya una lacra y un tipo de castración masculina insostenible.

Cistitis: inflamación de la vejiga causada por una infección bacteriana. Suele ser habitual en la recién casada. La vejiga no suele infectarse por el contacto o la manipulación genital, pues con frecuencia es a causa del frío. Las infecciones por contacto pueden ascender hacia la uretra.

Climaterio: cambios físicos y psicológicos que acompañan a la menopausia en las mujeres. La aportación cotidiana de semillas de soja o de plantas como la salvia, la alfalfa y el agnus cactus, evitan la mayoría de los trastornos en esa edad. También son útiles dosis extras de vitaminas A y E, así como el aceite de Onagra. La práctica sexual cotidiana impide la atrofia de los genitales externos, conservando su elasticidad durante muchos años.

Clímax: período armónico que va subiendo de grado en grado. En este contexto, se asocia a la culminación del placer sexual (orgasmo.) El clímax puede ser brusco, como cuando alguien a quien amamos nos besa; o imprevisto, lo que se denomina como flechazo; e incluso paulatino, si vamos preparando el terreno durante el día.

Clítoris: órgano pequeño situado en el extremo superior de los labios menores de la vulva. Se erecta cuando la mujer es estimulada sexualmente, aunque también ocurre mediante el simple pensamiento. Es muy sensible al tacto a causa de la gran cantidad de terminaciones nerviosas que contiene, y juega un rol fundamental en el proceso que conduce al orgasmo femenino. Su manipulación requiere cierta habilidad y destreza, pero también se estimula mediante el roce corporal, como ocurre durante el coito y el baile romántico.

Coito: Relación sexual convencional heterosexual, en la cual el pene es introducido en la vagina.

Coito anal: forma de unión sexual (heterosexual u homosexual) en la que un hombre introduce su pene en el ano de su pareja. También se denomina así el uso de aparatos o vibradores para la estimulación rectal. Se requiere más delicadeza, precisión, higiene y tiempo para lograr un buen resultado que con la introducción vaginal. El orgasmo, puede ser igualmente intenso.

Coitus interruptus: retirada del pene del interior de la vagina antes de que se haya producido la eyaculación. Como método anticonceptivo produce tensiones psíquicas y no resulta muy fiable, debido a la secreción de las glándulas de Cowper, que precede al semen, y contiene espermatozoides. La mujer, además, debe tener la precaución de no tocar el semen, pues si se manipula posteriormente sus propios genitales puede quedarse embarazada.

Concepción: fertilización de un óvulo por un espermatozoide. El momento idóneo corresponde a la ovulación, aproximadamente el día 14 del ciclo, y se puede originar en cualquiera de las posiciones habituales. El selenio, la vitamina E, el polen y el zinc, aumentan la fertilidad.

Condón: preservativo de látex delgado colocado sobre el pene erecto antes del coito para evitar que los espermatozoides penetren en la vagina. Debe ponerse desde los primeros momentos del coito, pues existe el peligro de que se expulsen cantidades inapreciables de semen durante los primeros abrazos, aun cuando no exista orgasmo.

Condón femenino: tubo de látex delgado, cerrado en un extremo, que se introduce en la vagina antes del coito para evitar que los espermatozoides penetren en ella. No es tan seguro como el masculino por la especial configuración del aparato genital femenino.

Conducto deferente: cualquiera de los dos conductos que transportan los espermatozoides desde los testículos.

Consolador: objeto que tiene la forma y tamaño aproximado de un pene erecto; utilizado para producir placer sexual mediante la inserción vaginal.

Continencia: un estado de ejercicio de autorrestricción, especialmente respecto al deseo sexual.

Control natural de la natalidad: evitar el embarazo mediante la abstinencia del coito en los días del ciclo menstrual en que es posible la concepción, o por retiro del pene de la vagina antes de la eyaculación. También llamado "método del ritmo", término colectivo con que se designa a los métodos de calendario, de la mucosa cervical y de la temperatura que se utilizan para determinar cuáles son los días en que el coito no conducirá a un embarazo. Pueden emplearse indistintamente o juntos, cuando no sean aconsejables otros métodos de barrera o químicos.

Copular: unirse el macho con la hembra durante el acto sexual.

Crema espermicida: producto químico en forma de crema que se introduce en la vagina diez minutos antes de un coito. Supuestamente mata los espermatozoides, aunque su eficacia no supera el 60%. Se emplea junto a otros métodos.

Cuerpos cavernosos: Constituyen dos componentes, uno de cada lado de la estructura del pene. Se trata de zonas eréctiles por excelencia. Es tejido esponjoso que, al llenarse de sangre, tiende a la erección.

Cunnilingus: forma de sexo oral que se basa en la estimulación oral de los órganos sexuales femeninos por parte del hombre. Es necesario adoptar una postura cómoda para ambos y supone la forma más íntima de la relación sexual. Indudablemente la higiene es imprescindible.

Chancro: síntoma visible de sífilis primaria.

Desfloracion: La ruptura del himen en la primera experiencia sexual de una mujer virgen o a través del examen vaginal.

Detumescencia: Significa retroceso de una congestión sanguínea. El término se aplica al fenómeno de vaciamiento de los cuerpos cavernosos del pene, simultáneo o inmediatamente posterior al orgasmo. Habitualmente, la detumescencia se produce después del orgasmo pero no necesariamente, ya que puede existir vaciamiento sanguíneo tras las erecciones reflejas en cualquier momento del día o de la noche, con o sin motivación erótica.

Diafragma: método anticonceptivo de barrera, de látex delgado, colocado sobre el cuello del útero antes del coito para evitar que los espermatozoides penetren. Suele complementarse con cremas espermicidas u óvulos.

Disfunción: en términos sexuales, cualquier problema, que interfiere con la actividad sexual.
Las disfunciones en el varón suelen darse por:

- Diabetes.
- Sífilis.
- Alcoholismo.
- Drogadicciones.
- Anomalías congénitas.
- Hipofunción glandular.
- Inflamaciones de los genitales.
- Trastornos neurógenos como la esclerosis múltiple, las lesiones de la médula espinal y los accidentes cardiovasculares.
- Aneurisma aórtico.
- Medicamentos hipotensores, sedantes, tranquilizantes y anfetamínicos.
- Problemas quirúrgicos accidentales en el sistema nervioso.
- Castración quirúrgica o extirpación perineal de la próstata.

Y en la mujer:
- Vaginitis
- Infecciones
- Menopausia y vejez
- Atrofias de la mucosa genital
- Problemas psíquicos

Dismenorrea: menstruación dificultosa o dolorosa, frecuentemente con calambres, náuseas, dolor de cabeza y otras molestias, como nerviosismo, irritabilidad, dolores abdominales, depresión, hinchazón y dolor en las mamas, así como jaquecas, coincidentes con el inicio de la menstruación.

Aunque se desconoce su origen, se piensa en un trastorno del metabolismo de los ácidos grasos, de la síntesis de las prostaglandinas, y al aumento de las hormonas esteroides durante la segunda mitad del ciclo. La irritabilidad del sistema nervioso puede ser debida al edema generalizado. El tratamiento natural se realiza mediante la ingestión de ácidos grasos esenciales del grupo gamma linoleico, los cuales se encuentran en el aceite de Onagra y de Borraja, principalmente.

Dispaurenia: dolor experimentado por la mujer durante el coito, por ejemplo a causa de la tensión involuntaria de los músculos vaginales.

Diu (dispositivo intrauterino): dispositivo anticonceptivo colocado dentro del útero para evitar la implantación de un óvulo fecundado en el endometrio. Hay que cambiarlo cada cuatro años o seis años y revisarlo periódicamente por la posibilidad de desplazamiento.

Ducha vaginal: dispositivo para inyectar a presión agua u otro líquido en la vagina con fines higiénicos. Inútil como forma de control de la natalidad e innecesario para la higiene si la vagina está sana. Los lavados vaginales con abundancia de jabón suelen ser perjudiciales al eliminar la flora útil y la capa grasa.

Emisión nocturna: involuntaria eyaculación de semen durante el sueño. También llamada polución nocturna.

Endometrio: recubrimiento del útero. Si un huevo es fertilizado se implanta en el endometrio y comienza a desarrollarse. Una vez al mes, si no hay huevo implantado en él, el endometrio es eliminado durante el proceso de la menstruación.

Enfermedad transmitida sexualmente: enfermedad que pasa de una persona a otra por medio de la actividad sexual. Las enfermedades transmitidas sexualmente incluyen gonorrea, sífilis, sida y hongos. El término ha reemplazado ampliamente al antiguo de "enfermedad venérea". El preservativo no ha logrado eliminarlas, pues la manipulación bucal o manual también suelen ocasionar el contagio.

Enfermedad pélvica inflamatoria: enfermedad potencialmente seria que afecta a las mujeres. Por lo general es el resultado de enfermedades transmitidas sexualmente no tratadas, tales como gonorrea u hongos.

Epidídimo: cada uno de los conglomerados de tubos donde se almacenan y maduran los espermatozoides recién producidos, antes de entrar a los conductos deferentes para la eyaculación.

Episiotomia: incisión del perineo durante el parto practicada para evitar el desgarro vaginal, vulvar o perineal mediante un agrandamiento controlado del orificio vaginal. Es una práctica demasiado generalizada, la mayoría de las veces sin justificación real.

Erección: hinchazón y endurecimiento del pene, clítoris o pezones durante la estimulación sexual. Para ello se requiere una presión vascular y abundancia de sangre. Para mantenerla es decisivo el estímulo cerebral, visual, auditivo, táctil u olfativo, aunque la suma de todos logra unos mejores resultados.

Erección nocturna: erección que se produce cuando el hombre duerme. Se produce por acción cerebral donde el movimiento nervioso es cíclico, con períodos de sueño con imágenes (períodos REM) y período de sueño sin imágenes (Non-REM). La erección nocturna se atribuye a los períodos REM cerebrales.

Erógeno: Que produce deseo sexual.

Escroto: bolsa epitelial de múltiples capas incluso con una muscular, prolongación de la pared abdominal, que recubre los testículos y les proporciona protección y termoregulacion.
Erótico: relativo al deseo o placer sexual. También, a la atracción que se siente por el sexo contrario o el cuerpo humano.

Escroto: saco muscular, prolongación de la pared ventral, que recubre los testículos. Suele ser el causante del ascenso de los testículos a la cavidad abdominal.

Esmegma: sustancia con olor intenso, parecida al queso, que se acumula debajo del prepucio de un hombre no circuncidado (o debajo de la cubierta del clítoris de una mujer) a causa de una higiene deficiente.

Espasmo: contracción involuntaria de ciertos músculos. En este contexto, acompaña al orgasmo.

Esperma: semen. Secreción líquida de los testículos que contiene espermatozoides. Puede aumentar mediante la abstinencia, los estímulos eróticos y la ingestión de polen.

Espermatozoide: célula reproductiva masculina. Su propósito es fertilizar el óvulo de una mujer iniciando así el embarazo. Se producen millones de espermatozoides en los testículos y se mezclan con líquido seminal para la eyaculación. Solamente uno de ellos basta para fertilizar a la mujer. Con una velocidad de casi 4 mm por minuto (vertiginosa para sus dimensiones), pueden recorrer en poco más de una hora los 16 centímetros que le separan del orificio tubárico y en menos tiempo si el medio es ligeramente alcalino. Su movilidad y poder fertilizante lo conservan durante casi dos días, aunque solamente uno de ellos logrará la fecundación y para ello deberá romper la membrana protectora que envuelve al óvulo, la cual se cerrará detrás de sí para impedir nuevas entradas. Aunque se ha creído que los espermatozoides competían por llegar en primer lugar, realmente se ayudan entre ellos, quizá por haber seleccionado al "ganador".

Espermicida: sustancia que se coloca en la vagina antes del coito, o que se usa en combinación con un preservativo o un diafragma para matar a los espermatozoides, evitando así la concepción.

175

Esterilización: cualquier elemento que incapacite a una persona para la procreación. Puede ser deliberada, por medio de una intervención quirúrgica como la ligadura de trompas o la vasectomía, o puede ocurrir como una complicación de una enfermedad transmitida sexualmente si su tratamiento no se realiza o se demora. Los traumatismos genitales o las paperas (parotiditis), pueden ocasionar infertilidad en el hombre.

Estimulación: acción de estimular o incitar. En este contexto, excitar de distintos modos el deseo o los orgasmos sexuales. Este proceso puede ser incluso visual y auditivo, como se comprueba por la gran cantidad de teléfonos eróticos existentes.

Estrógeno: cualquiera de las diferentes hormonas esteroides secretadas principalmente por los ovarios. Estimula los cambios en los órganos reproductores femeninos durante su ciclo mensual y promueve el desarrollo de las características sexuales secundarias de la mujer. Los estrógenos sintéticos se utilizan en algunas píldoras anticonceptivas para provocar la supresión de la ovulación o para el aborto prematuro.

Eunuco: hombre cuyos testículos han sido extirpados. Si se realiza en la niñez quedan alterados los caracteres secundarios masculinos (voz y vello), pero no hay cambios, salvo los psicológicos, en la madurez.

Excitación: acción de provocar cambios en el cuerpo, debidos a estímulos físicos y mentales, que lo preparen para el coito. Una estimulación in crescendo suele dar resultados óptimos en la mayoría de las personas.

Exhibicionismo: parafilia en la cual un hombre o una mujer sienten compulsivamente placer al exhibir su desnudez en un lugar no adecuado. Todo el mundo mantiene cierta dosis de exhibicionismo, especialmente en pareja y en las playas, pues para las personas de cuerpo esbelto le resulta muy agradable que le miren. Hoy en día es una patología es declive, ya que la mayoría de la gente está acostumbrada a ver numerosos desnudos en el cine, la televisión y la publicidad.

Eyaculación: expulsión de semen del pene. Normalmente es involuntaria e incontenible.

Eyaculación precoz: disfunción sexual en la cual el hombre eyacula antes, o inmediatamente después, de introducir su pene en la vagina de su compañera. Puesto que no hay un tiempo considerado "normal", es un término mal empleado y solamente indica cierta patología si afecta al hombre, no a la compañera.

Fálico: de, o relativo al pene, por lo general en su estado de erección. Se habla también de ciertos monumentos que poseen gran altura y se elevan rectos.

Falo: otra manera de denominar al pene, por lo general en su estado de erección.

Fantasía: en términos sexuales, situaciones o sucesos sexuales productos de la imaginación que involucran personas reales o imaginarias. Se cree que todos los seres humanos tienen algún tipo de fantasía erótica, aunque los más moralistas tratan de reprimirlas por considerarlas reprobables.

Fellatio: forma de sexo oral en la que se utiliza la lengua o la boca para estimular el pene. Después del beso, se piensa que es la práctica más habitual en la relación de pareja.

Feromonas: sustancias secretadas por el cuerpo que poseen un olor, no siempre perceptible, que estimula el deseo sexual en personas del sexo opuesto. Más intensas en los animales, el ser humano ha conseguido anularlas parcialmente gracias al jabón y los desodorantes.

Fértil: capaz de concebir. La mujer acaba su fertilidad con la menopausia, pero el varón la conserva durante toda su existencia.

Fertilización: la unión entre un óvulo y un espermatozoide. Una vez fertilizado, el óvulo puede comenzar a desarrollar un bebé.

Fetichismo: forma de comportamiento sexual compulsivo por la cual la manipulación de un objeto inanimado o de una parte del cuerpo que no sean los genitales, es necesaria para la satisfacción sexual. Una forma más sutil es la adoración de fotografías, pósters, cartas u objetos pertenecientes a personas que han formado parte de su vida, aunque también se considera así referente a las personas populares.

Fimosis: tensión anormal del prepucio que evita que el glande quede al descubierto. Con frecuencia puede corregirse mediante masajes suaves, pero puede ser necesaria la circuncisión. Ahora es una práctica médica en desuso, salvo en los judíos.

Frenillo: ligamento que sujeta el prepucio al glande. Supone una protección para el pene y no es un defecto de la naturaleza a eliminar.

Gay: homosexual. Es más una inclinación psicológica adquirida que genética.

Genitales: órganos sexuales externos: pene y testículos en el hombre; labios, clítoris y vagina en la mujer.

Glande: cabeza del pene redondeada y de forma cónica. Es la zona más sensible del hombre.

Glándulas de Cowper: par de glándulas, situadas cerca de la próstata, que producen una sustancia que neutraliza cualquier posible acidez dentro de la uretra (la cual podría matar los espermatozoides) y forma parte del líquido seminal. También ayuda a lubricar el extremo del pene.

Glándulas endocrinas: glándulas que producen hormonas y las secretan en el torrente sanguíneo.

Incluyen a los testículos y a los ovarios. También son importantes el tiroides, las suprarrenales y el páncreas.

Glándula pituitaria: la principal glándula endocrina del cuerpo. Situada en la base del cerebro, secreta hormonas que regulan la acción de los testículos y los ovarios, que son también glándulas endocrinas.

Glándula prostática: glándula que rodea la uretra del hombre. Bloquea la salida de la vejiga para evitar que salga orina mientras el pene está erecto y produce uno de los principales componentes del semen. Las contracciones de sus músculos y de otros que están a su alrededor bombean el semen a través de la uretra hasta el pene durante la eyaculación. Suele hipertrofiarse en la vejez, pero se corrige con polen, zinc y Sebal serrulata.

Glándulas sexuales: los ovarios en una mujer o los testículos en un hombre. También llamadas gónadas.

Gonorrea (gonococia): enfermedad de transmisión sexual causada por un microbio que vive en las áreas más templadas y húmedas del organismo masculino: uretra (conducto urinario) y cuello uterino. La mayor higiene ha sido la causa de su actual poca difusión.

Herpes: enfermedad causada por contacto sexual, normalmente vaginal, anal u oral-genital, pero también por contacto a través de las manos. Suele ser contagioso y doloroso.

Heterosexual: persona que siente atracción sexual por personas del sexo opuesto. Esta es la forma natural, si entendemos como tal lo que es una ley de la naturaleza.

Himen: membrana delgada que cubre parcialmente la entrada de la vagina en la mayoría de las mujeres que no han utilizado tampones o tenido unión sexual. Algunas mujeres carecen de él incluso desde el nacimiento, mientras otras lo tienen tan cerrado y duro que requieren una intervención quirúrgica. Antiguamente se consideraba su presencia como un signo de virginidad y de virtud.

Hiv: virus de inmunodeficiencia humana causante del sida.

Homosexual: persona que siente atracción sexual por personas del mismo sexo. Es más una opción psicológica que corporal.

Hormona: sustancia química producida por una glándula endocrina. La insulina (segregada por el páncreas) y la tiroxina (segregada por el tiroides), son algunas de las más influyentes. Otras hormonas, como las sexuales, desempeñan un papel importante en las funciones sexuales y reproductoras. Las hormonas sexuales incluyen andrógenos, estrógenos, progesterona y testosterona.

Implante: fijación de un huevo fertilizado en el endometrio del útero.

Impotencia: disfunción sexual masculina que se traduce en la incapacidad de lograr una erección o de mantenerla lo suficiente como para realizar el coito o eyacular.

La impotencia psíquica se puede considerar como tal solamente en aquellos casos en los cuales el paciente desee sexualmente a su pareja y reúna todas las condiciones físicas necesarias para tener una erección. Cuando ni siquiera durante el sueño se produzcan erecciones involuntarias habrá que pensar en una causa orgánica, aunque para averiguarlo con certeza no basta con la opinión del paciente, sino que se hace imprescindible saber con certeza si hay erecciones, de qué calibre y cuánto duran. Por tanto y ante un caso de impotencia falsa como las que hemos descrito, lo primero que hay que hacer es tranquilizar al paciente y dejarle las cosas claras. Si esto se consigue, la curación está próxima.

Otros factores que influyen en una impotencia psíquica o circunstancial son los medios de comunicación, los anuncios y los mitos creados en torno a la sexualidad. Escenas de amor en las cuales la pareja se deshace en gritos de placer, que adoptan posturas imposibles de lograr salvo que seamos atletas, y amores tan románticos que dejan en ridículo las relaciones cotidianas, pueden hacer creer a más de un hombre que él sería incapaz de proporcionar ese Séptimo Cielo que pregonan, y de ahí a la impotencia como coraza va un paso.

Incesto: relaciones sexuales (heterosexuales u homosexuales) entre parientes muy cercanos, por ejemplo entre padre e hija, o hermano y hermana. Casi todas las culturas condenan estas prácticas cuando se realizan con menores, pues se considera que se priva a los niños de poder tener en el futuro una vida sexual placentera.

Infertilidad: incapacidad de una mujer para embarazarse o de un hombre para embarazar a una mujer. Ver también, esterilidad.

Labios genitales femeninos: los más pequeños e interiores son llamados labios menores, y los mayores y exteriores labios mayores. Socialmente se refiere casi exclusivamente a los labios bucales, la forma más elemental y rápida para el contacto sexual y que puede ocasionar igualmente el orgasmo.

Libido: impulso o deseo sexual. Aunque es más incontrolable en la juventud, se mantiene durante toda la existencia y termina siendo un impulso que proporciona gran satisfacción cuando es satisfecho. Si es muy intenso puede anular los sentidos y la ética social, hasta el punto de convertir a una persona de buenos sentimientos en alguien reprobable.

Liendres (ladillas o piojos) púbicas: parásitos que habitan en el vello púbico. Por lo general se adquieren por contacto sexual con una persona infectada.

Ligadura de trompas: método de esterilización femenina en la que se ligan las trompas de falopio a fin de que no puedan descender los óvulos o ascender los espermatozoides. Su homólogo masculino, la vasectomía, puede ocasionar igualmente serios problemas psíquicos a la persona, por lo que se requiere asesoramiento psicológico antes de efectuarlo.

Líquido seminal: uno de los principales componentes del semen, producido fundamentalmente por la próstata. Aumenta con la abstinencia.

Masoquismo: una de las anomalías más abundantes, pues es una forma de comportamiento sexual compulsivo por el cual una persona siente placer solamente cuando otra persona le causa dolor físico.

Masturbación: estimulación de los propios órganos sexuales. La masturbación mutua se produce cuando ambos miembros de una pareja estimulan los órganos sexuales del otro. En palabras de Woody Allen: "No sé porque se meten con la masturbación pues, a fin de cuentas, es hacer el amor con uno mismo."

Matriz: útero.

Menarquía: etapa inicial de la menstruación en la vida de una mujer, habitualmente entre los once y catorce años. La carencia de hierro o la práctica de un deporte competitivo, pueden retrasar ese momento.

Menopausia: período en la vida de una mujer cuando cesa la menstruación. Aunque se vive como el declive de la feminidad, la imposibilidad del embarazo libera a muchas mujeres de una tensión antigua y le permiten acceder con mayor plenitud a la sexualidad.

Menstruación: descarga mensual del endometrio que se produce cuando ningún huevo fertilizado se ha implantado en él. Ocurre por término medio cada 28 días, coincidiendo con el ciclo lunar.

Métodos anticonceptivos de barrera: artefactos que se insertan en los órganos reproductores del hombre o la mujer e impiden que el esperma sea depositado en la vagina, dificultando significativamente el embarazo.

Métodos anticonceptivos hormonales: tratamientos con determinados productos que se inyectan o ingieren, expandiéndose a través de la sangre por todo el cuerpo, dificultando el embarazo. También existen parches hormonales con efectos similares.

Métodos anticonceptivos naturales: sistemas que dificultan la concepción por el procedimiento de practicar el coito exclusivamente en los días infértiles del ciclo de la mujer. Solamente ofrecen seguridad cuando los ciclos de esa mujer son sumamente estables. Los disgustos o algunas enfermedades, pueden alterar el ciclo y por tanto la ovulación.

Método del calendario: forma de control natural de la natalidad en la que el período de ovulación se calcula desde el comienzo de cada período menstrual, aproximadamente el día 14. Para mayor seguridad, se practica la abstinencia cuatro días antes y cuatro días después de la fecha previsible. Se le denomina también como método Ogino.

Método de la mucosa cervical: forma de control natural de la natalidad en la que el período de ovulación se detecta por los cambios en la naturaleza de la mucosa dentro del cuello del útero.

Método de la temperatura: forma de control natural de la natalidad en la que el período de ovulación se detecta por los cambios en la temperatura corporal.

Monte de venus: pubis de la mujer. La depilación total de esta zona supone un motivo extra de excitación para muchas personas.

Órganos sexuales: órganos internos y externos que diferencian a los hombres de las mujeres, que incluyen los genitales y las glándulas sexuales.

Orgasmo: etapa más intensa (clímax) de la excitación sexual con sensaciones en extremo placenteras, y que en el hombre incluye por lo general la eyaculación. También existe una forma de eyaculación similar en la mujer, aunque menos divulgada.

Ovario: cada una de las dos glándulas sexuales femeninas que producen óvulos y las hormonas sexuales: estrógeno y progesterona.

Ovulación: liberación mensual de un óvulo por uno de los ovarios. El óvulo entra en las trompas de falopio donde espera la fertilización por parte de un espermatozoide.

Paidofilia: comportamiento parafílico; actividad sexual entre adultos y niños. También conocida como Pedofilia, actualmente es la inclinación sexual más perseguida, especialmente porque se considera que al utilizar como compañeros de la relación sexual a los niños se les está privando de que en el futuro puedan llegar a tener una buena vida sexual. Además, la mayoría de las veces el niño se ve involucrado en algo en lo que ha sido forzado o cuando menos engañado, no teniendo libertad de elección para negarse o aceptar.

Parafilia: comportamiento sexual compulsivo; el psicoanálisis lo denomina perversión.

Pederasta: actividades homosexuales entre hombres maduros y muchachos. Se suele confundir con la pedofilia, aunque la ley persigue por igual a ambos cuando la edad es inferior a los 18 años. Para los legisladores les resulta difícil decidir cuál es la edad a partir de la cual un adolescente es libre de tener relaciones sexuales con adultos. La pregunta es: ¿se puede encarcelar a un joven de 20 años por mantener relaciones sexuales con una chica de 15?

Pelvis: porción del cuerpo humano que comprende la parte inferior del tronco. En el interior se encuentran el final del tubo digestivo y algunos órganos secretores y genitales, y el exterior es el ángulo comprendido entre el arranque de ambos muslos.

Pene: miembro viril.

Penetración: acción y efecto de penetrar. En el contexto sexual, acción de introducir el pene en la vagina durante el acto sexual. También, cualquier forma de penetrar sexualmente en las cavidades naturales del cuerpo humano.

Perineo: en las mujeres, área entre la vagina y el ano. En los hombres, área entre el escroto y el ano.

Período seguro: días del ciclo mensual de la mujer en los que es menos probable que ocurra un embarazo como resultado del coito. Suele ser justo durante la menstruación, así como cinco días antes y cinco después. De todas formas, se considera que no hay un periodo absolutamente seguro.

Período fértil: días del ciclo menstrual de la mujer en los que la concepción es posible. Habitualmente a mitad del ciclo, así como dos días después.

Período refractario: período posterior al orgasmo en el cual, para la mayoría de los hombres y para algunas mujeres, una ulterior respuesta sexual está temporalmente inhibida.

Pezón: saliente del pecho. Importante zona erógena que se erecta durante la excitación sexual. Es más sensible en la mujer que en el hombre.

Píldora: medicamento anticonceptivo oral que contiene hormonas sintéticas que evitan el embarazo. Las nuevas píldoras poseen dosis de estrógenos incluso inferiores a las fisiológicas.

Píldora "del día después": píldora abortiva (mal llamada anticonceptiva) que contiene una dosis muy alta de estrógenos que puede evitar anular un embarazo si es tomada hasta 72 horas después del coito. Es muchos países es de libre venta, sin necesidad de receta.

Poligamia: que tiene más de un esposo o esposa al mismo tiempo. Es una práctica condenada en todo el mundo occidental por lo que supone de estafa y engaño. En algunos países africanos y árabes, sigue siendo el mejor modo de mantener a varias mujeres que, de otro modo, estarían condenadas a la pobreza.

Prepucio: pliegue retráctil de piel que cubre el extremo del pene.

Preservativo: ver condón. Posee una eficacia como anticonceptivo del 90%, pues son frecuentes las roturas al ponerlo o quitarlo. Se recomienda ponerlo desde que se origina la erección.

Progesterona: hormona sexual femenina que prepara al útero para recibir y sustentar un huevo fertilizado.

Próstata: órgano de carácter glandular por su función que rodea el cuello de la uretra a su salida de la vejiga urinaria en los varones. Segrega una sustancia que nutre al espermatozoide. La hipertrofia prostática, habitual en la vejez, se mitiga tomando polen en gránulos, pipas de calabaza y zinc.

Prostituta(o): persona que brinda servicios sexuales a cambio de dinero. Aunque es ilegal en la mayoría de los países, se practica cada vez más, lo que indica la insatisfacción del varón con respecto a su sexualidad. Normalmente es más perseguida por las mujeres que por los hombres, pues ellas lo consideran una forma de explotación.

Prueba de papanicolaou: otra denominación para la prueba del frotis de exudado cervical, utilizada para detectar enfermedades de la vagina o del útero, en especial cáncer en el cuello del útero. Se toma una muestra de la mucosa de la abertura del cuello del útero y se realiza un frotis sobre un portaobjetos para su examen al microscopio.

Pubertad: comienzo de la adolescencia durante el cual el niño comienza a eyacular y la niña a menstruar. Las anemias y la práctica del deporte competitivo lo retrasan en la mujer, aunque no en el varón.

Pubis: parte inferior del vientre que forma un triángulo entre los dos muslos, cubierta de vello en los adultos.

Punto G: el punto Grafenberg, es una pequeña área dentro de la vagina que responde en especial a la estimulación. Cada mujer lo tiene situado en un lugar propio, por lo que no siempre es fácil encontrarlo.

Recto: extremo inferior del intestino grueso que finaliza en el ano.

Sadismo: comportamiento sexual parafílico, por el cual una persona siente placer sexual al infligir dolor a otra. Esta anomalía del comportamiento se extiende a otras facetas de la vida no relacionadas con el sexo, pues para muchos agresores la mayor satisfacción estriba en ver el dolor de sus víctimas, no en los fines conseguidos.

Sadomasoquismo: forma de comportamiento sexual por el cual una persona siente placer con una combinación de sadismo y masoquismo. Llegado a este punto sus impulsos sexuales son absorbidos casi en su totalidad por la dependencia a estas prácticas y ya no pueden mantener relaciones normales, mucho menos con personas que no están dispuestas a estos juegos.

Semen: mezcla de espermatozoides y líquido seminal eyaculado durante el orgasmo. Una vez que los espermatozoides se encuentran en el canal vaginal comienzan una carrera desenfrenada por alcanzar el preciado trofeo: un óvulo ansioso de ser penetrado. Para conseguir que los espermatozoides dispongan del medio nutritivo adecuado que les asegure la gran movilidad que necesitan, están la próstata y las glándulas de Cowper, las cuales segregan un líquido que contribuye a formar el esperma. Se cree que en el momento del clímax se expulsan entre 1 y 4 cm3 de líquido, el cual contiene casi 300 millones de espermatozoos, aunque las pruebas actuales nos dicen que la cantidad no es tan grande y algún científico exageró las cifras. Además, estas cifras tienen unas variaciones enormes dependiendo de la edad, la frecuencia del orgasmo, la calidad de vida y el volumen de esperma. Lo importante, en cuanto a fecundidad, es que el varón sea capaz de engendrar una nueva vida y para ello basta con un sólo espermatozoide.

Sesenta y nueve: término coloquial para designar a dos personas que practican recíprocamente el sexo oral. Vista de costado, la posición que adoptan al realizarlo semeja al número 69.

Sexo grupal: número de personas que entre sí realizan variadas actividades sexuales al mismo tiempo. El cambio consentido de pareja y el "menage à trois", así como el póquer erótico, son algunas de las prácticas más habituales. Las estadísticas demuestran que ello no contribuye a consolidar las relaciones de la pareja.

Sexo oral: utilización de la boca para estimular los genitales de una pareja. Llamado también sexo oralgenital, e incluye el cunnilingus y la fellatio.

Sexo seguro: formas de actividad sexual que tienen un nivel relativamente bajo de riesgo de adquisición de una enfermedad de transmisión sexual (especialmente Sida.) La higiene, el uso de guantes y preservativos, los antisépticos y el abandono de la promiscuidad en favor de la monogamia, son algunas de las soluciones empleadas.

Sida (síndrome de inmunodeficiencia adquirida): enfermedad causada por el virus de inmunodeficiencia humana (hiv) en la que el cuerpo pierde su capacidad de defenderse frente a las enfermedades. Se considera delito transmitir el Sida a otra persona mediante el acto sexual, siempre que el afectado tenga conocimiento previo de la enfermedad.

Sífilis: enfermedad de transmisión sexual causada por una bacteria.

Sistema reproductor: aquellas partes del cuerpo humano directamente relacionadas con la reproducción.

Sodomía: coito anal. Se emplea como método anticonceptivo y como variedad del acto vaginal.

Técnica de parada y arranque: método por el cual un hombre puede aprender a evitar la eyaculación prematura, mediante el cese temporal de toda estimulación al sentir que está alcanzando el punto en el que la eyaculación es inevitable. Puede ocasionar problemas físicos en próstata y testículos, con inflamación y congestión.

Temperatura basal del cuerpo: temperatura normal del cuerpo humano. La temperatura basal del cuerpo de la mujer se eleva justo después de la ovulación, así que la lectura diaria de sus temperaturas puede detectar el momento en qué ha ovulado y utilizar esta información en el método de control natural de la natalidad.

Terapia de reemplazo hormonal: utilización de hormonas naturales o sintéticas para contrarrestar algunos de los efectos de la menopausia. Los parches de estrógenos se emplean cada vez más, aunque se siguen recomendando los remedios naturales extraídos de la soja. También son adecuados los complementos de alfalfa, lúpulo, onagra y salvia. La cerveza (sin alcohol) es una bebida adecuada para este periodo.

Testículos: las dos glándulas sexuales masculinas situadas en el escroto que producen espermatozoides y hormonas sexuales. Deben colgar sin el impedimento que habitualmente ejercen sobre ellos los slips.

Testosterona: hormona sexual masculina fundamental producida por los testículos. Es responsable de la conducta sexual y de las características sexuales secundarias masculinas. La testosterona también se produce en las glándulas suprarrenales de hombres y mujeres, y en éstas es, en parte, responsable de la conducta sexual femenina. Aunque se la culpa de la agresividad masculina, lo cierto es que la violencia nace en el cerebro, en nuestras costumbres y deseos, no en los genitales de nadie.

Transexual: hombre o mujer que siente que en realidad es un miembro del sexo opuesto atrapado en un cuerpo equivocado. Los transexuales pueden someterse a una operación de cambio de sexo. Un transexual masculino se inicia en la infancia, cuando comienza a tomar conciencia de su sexo y se integra más en los juegos de niñas y sus fantasías, que en la dureza de las actividades competitivas propias del varón. No le gustan nada los cambios físicos típicos de la pubertad, con el crecimiento del bigote, el vello en piernas y brazos, y comienzan a cuidar su cuerpo de manera similar a las mujeres. En ese momento de su vida ya empiezan a sentirse más felices con sus inclinaciones y si el entorno es adecuado no tendrán problemas en sus relaciones personales. Este cambio les puede resultar suficiente o incompleto y no es raro que se vistan como mujeres, empiecen a tomar hormonas y busquen ya una operación quirúrgica que les haga sentirse en plenitud física y sexual.

En el lado contrario, las transexuales femeninas, nos encontramos con mujeres que desde niñas manifestaban comportamientos agresivos, se incluían en juegos peligrosos y descuidaban su físico. Pero mientras que sus homólogos masculinos gozan de una relativa aceptación por la sociedad, las mujeres varoniles tienen que pelear continuamente por no ser criticadas. Su destino las conduce casi siempre a cambiar de residencia, vestirse como hombre y comenzar también a utilizar hormonas androgénicas que modifiquen su voz y hasta les proporcionen algo de vello. Si todo va bien y disponen de dinero, solicitarán un pene artificial, una mastectomía (reducción mamaria) y por supuesto una histerectomía (extirpación del útero y ovarios).

Travestido: hombre (algunas veces una mujer) que tiene una fuerte compulsión a vestirse con ropas del sexo opuesto. Para muchos travestís el realizar esto último es necesario para poder gozar la actividad sexual. Puesto que las mujeres poseen una total libertad para vestir, siendo habitual que empleen ropas características del varón (trajes y corbatas), es muy difícil que una travestida femenina llame la atención.

Tricomoniasis: infección de la vagina, con frecuencia transmitida sexualmente. El tratamiento con antimicóticos debe hacerlo también su compañero sexual.

Trompas de falopio: trompas que conectan los ovarios con el útero y en las que ocurre la fertilización de los óvulos o concepción.

Uretra: conducto que transporta la orina desde la vejiga. En los hombres, la uretra también es el canal a través del cual se eyacula el semen. En el momento de la eyaculación no existe posibilidad de que ambos conductos se comuniquen.

Uretritis: inflamación de la uretra causada por una infección.

Útero: matriz, órgano de la mujer en el que se deposita el óvulo fertilizado y se desarrolla un feto.

Vagina: conducto corto y suave entre la vulva y el cuello del útero, en el cual se introduce el pene durante el coito. Las mujeres que han tenido hijos suelen tenerla muy dilatada, lo que disminuye el roce con el pene.

Algunas se realizan una operación para restituir y cerrar, la abertura a sus niveles anteriores.

Vaginitis: inflamación de la vagina. Suele ser una causa habitual de rechazo hacia el coito.

Vasectomía: método de esterilización masculina en el que se cortan los conductos deferentes a fin de que los espermatozoides no puedan pasar y llegar al semen. Esta práctica ocasiona no pocos problemas psicológicos en el varón y requiere un asesoramiento antes de la intervención.

Vello púbico: vello alrededor de los genitales.

Verrugas genitales: pequeñas verrugas sobre o alrededor de los genitales. Pueden ser transmitidas sexualmente.

Vesícula seminal: cada una de las dos pequeñas bolsas situadas por detrás de la próstata que descargan el líquido seminal en la uretra.

Vibrador: dispositivo que opera a batería, por lo general con forma de pene, que vibra y es utilizado para estimular el clítoris o la vagina. Los hay de todos los tamaños y colores, aunque en algunos catálogos se le anuncia simplemente como "aparato de masaje".

Voyeurismo: forma compulsiva de comportamiento sexual en el cual una persona siente placer sexual al mirar las actividades sexuales de otras personas, o al mirar a otros desvestirse. Actualmente ya no se considera una anomalía, pues ¿a quién no le gusta ver un cuerpo desnudo a hurtadillas, en el cine o en una revista? El deseo de mostrarnos desnudos es algo que va tan unido al sexo como el caso contrario, el pudor, y ambas conductas entran dentro de lo que se consideran normales en las relaciones sexuales.

Vulva: órganos sexuales externos de la mujer.

Zonas erógenas: aquellas partes del cuerpo, tales como los pechos o genitales, que son especialmente sensibles a la estimulación sexual. Aunque existen algunas universales, cada persona posee las suyas propias, así como una respuesta concreta al estimularlas.

ÍNDICE

www.ingramcontent.com/pod-product-compliance
Lightning Source LLC
Chambersburg PA
CBHW070646290526
45790CB00001B/201